D0057646

COLLECTION POÉSIE

JOACHIM DU BELLAY

Les Regrets

précédé de

Les Antiquités de Rome

et suivi de

La Défense et Illustration
de la Langue française

PRÉFACE
DE JACQUES BOREL
ÉDITION ÉTABLIE
PAR S. DE SACY

GALLIMARD

PRÉFACE

*Je me suis toujours étonné que Du Bellay soit l'auteur,
ou du moins le principal rédacteur, de* La Défense et Illustration de la Langue française, *du premier manifeste,
en somme, d'une littérature où, de* L'Art poétique *à la*
Préface de Cromwell, *aux essais de* Pour un nouveau
roman, *il n'est guère de mouvement qui n'ait été accompagné
de son envers conceptuel, comme si, fascinés par l'école, par la
règle et la loi, nos écrivains, et nos poètes même, ne s'étaient
jamais défiés de rien tant que de l'ingénuité de la création,
de son libre élan, de sa sauvagerie native. Au point que la plus
folle, la plus dénouée en son principe des houles poétiques, le
surréalisme, c'est de théorèmes, de manifestes et d'excommunications qu'elle a vécu, la folie et le merveilleux se voyant
sévèrement assigner les chemins qu'ils devaient suivre.*

*Théoricien, législateur, l'auteur de ces vers inquiets, tendres
et meurtris, il me semblait y avoir là maldonne, presque :
une incongruité ; et, dès l'adolescence, j'y croyais mal, lorsque,
en troisième, je regardais dans une vieille* Histoire de la
littérature française *le portrait de Du Bellay, ce visage à
la fois irrégulier et fin, ce regard grave et perdu, si visiblement
détourné, qui ne s'ouvre pas sur la vie, sur l'avenir, sur les
spectacles et les promesses du monde, mais, au-delà ou en deçà
des choses, que l'on sent prêt à replonger sans cesse au creux*

*de l'âme le plus solitaire. Cette expression de gravité et d'éloi-
gnement, de désabusement peut-être, de mélancolie ou de nos-
talgie, non, ce n'est pas là le portrait d'un fort ni d'un triom-
phant, l'image d'un être assuré de lui-même, d'un fondateur,
d'un maître, d'un chef d'école. Il n'a pas non plus ce côté
résolu, tranchant et inquisitorial, le côté Saint-Just, du théo-
ricien. Au demeurant, le chef, l'entraîneur, ce n'est pas lui,
c'est Ronsard, les mains tendues, lui, vers tous les biens, la
gloire, l'amitié du prince, le lit et la table, la double ivresse
de la vie et du savoir, la prodigalité somptueuse et parfois
gratuite du chant. Tout cela, Du Bellay le sait et le dit :
« chétif », c'est là l'adjectif qu'il s'applique le plus volontiers
à lui-même. Non sans complaisance ? Je ne crois pas. Ombra-
geux et replié, ce n'est pas la surdité, ce n'est pas la maladie
seulement qui l'isolent, font de lui, sur ce portrait et dans les
vers les plus sensibles du* Songe *ou des* Regrets, *cet être en
retrait, comme sourdement rongé, et qui de loin s'écoute :
l'inquiétude, le doute, une sorte de recul natif devant la vie,
et aussi peut-être une conscience de soi assez paralysante,
habitent ce poète voué dès l'enfance à la solitude et à l'aban-
don.*

*Aussi bien, l'art poétique de Du Bellay, celui qui porte
sa marque propre et répond à l'intime de lui-même, ce n'est
nullement* La Défense et Illustration *qui nous le livre.
Œuvre d'un néophyte extasié, d'un être prompt à l'enthou-
siasme, fait pour l'admiration et l'amitié, mais qui, dans la
même mesure, a besoin de l'exemple et de la chaleur d'autrui
pour être jeté hors de lui-même, où, seul, il retombe et se perd,
l'élan, l'ivresse de tout un groupe la soulèvent ; et il me semble
que, dans ce grand dessein né de l'échange et de l'émulation,
le génie propre de Du Bellay se trouve à la fois entraîné et
comme suspendu, — retenu de céder à cette pente en lui vouée
au retirement, au murmure, à l'absence. Sa poétique, Du Bellay,
comme tout poète, la découvre en même temps que sa propre*

voix, que sa liberté, dans le mouvement même de la création; contenue et modulée dans les vers mêmes des Regrets, *et très expressément dans la pièce liminaire à d'Avanson, dans cinq ou six des premiers sonnets :* Je ne veux point fouiller au sein de la nature..., Un plus savant que moi..., Je ne veux feuilleter les exemplaires Grecs..., Vu le soin ménager..., Maintenant je pardonne à la douce fureur..., Comte, qui ne fis onc compte de la grandeur...

A ce moment où il est comme réduit et acculé à lui-même, contraint à n'être et à ne chanter que soi, à ne faire qu'un avec cette voix transie que la fidélité aux injonctions de l'école, le souci d'imiter et d'égaler avaient, sinon par places, dans les Odes, *dans* L'Olive, *gauchie et retardée de s'entendre, comme il apparaît loin, soudain, de tous les enthousiasmes contemporains qui avaient trouvé si vif écho en lui ! Loin de cette « modernité » que, jusque dans son outrance, reflète et cristallise la jeune fanfare de* La Défense! *Plus loin encore du pédant arsenal dont cette modernité s'encombrait. Du tumultueux élan, ce qui, décanté, frémissant, demeure dans* Les Regrets, *c'est ce qui tient à l'être même de Du Bellay, cette puissance instinctive d'admirer qu'il gardera jusqu'au dernier jour; jamais il n'a placé si haut au-dessus de lui les œuvres et les êtres qu'il admire, si bien que l'âme vannée qui balbutie sa plainte la plus nue trouve dans cette admiration même un prétexte à nourrir sa « triste querelle » : elle se tourne secrètement contre soi, elle se ravale; jamais, devant les hauts desseins ou les accomplissements des autres, elle ne s'est jugée si « chétive ». Et l'on dirait, à chaque sonnet qu'il lui adresse, que Du Bellay s'évertue, entre Ronsard et lui, à accuser une injuste distance.*

Il y a autre chose qui sauve La Défense *de n'être qu'un manifeste : c'est cet acte d'amour envers la langue qui, aujourd'hui encore, dans cette prose vieillie et parfois boursouflée, entraîne et touche, — ces fiançailles d'un poète avec son langage.*

Cette langue qu'il a prise humiliée et dédaignée est la plus longue fidélité de Du Bellay. Je sais bien : il lui arrivera encore de la trahir pour le latin. L'amour pur et passionné qu'il lui porte — le seul amour vrai peut-être d'un être qui ne connaîtra qu'une fois, et tardivement, la passion, le tumulte charnel, à Rome, avec Faustine — n'en est pas un instant entamé. Décuplé par l'exil, il anime et nourrit Les Regrets *d'un bout à l'autre. Amour, chez cet être qui est si peu à la vie, proprement organique. Peu d'œuvres où la langue soit sentie ainsi comme patrie. Mais c'est que, sur les « bords étrangers », elle est en effet devenue elle-même la patrie.*

Pour tout le reste, Du Bellay se détourne dans Les Regrets *des ambitions de la Pléiade, de ses buts et de ses chemins, de cette voie royale que les Renaissants, Du Bartas, Ronsard, et singulièrement le Ronsard des* Hymnes, *assignent à la poésie. Il se détourne des « grands sujets » : magnificence des « peintres de la nature », poésie cosmique et, si l'on veut, poésie connaissance — car c'est bien cela déjà cette ardente aspiration qui n'est plus la sienne (mais l'a-t-elle jamais été ?) à « fouiller au sein de la nature », à « chercher l'esprit de l'univers », à « sonder les abîmes couverts », à « dessiner du ciel la belle architecture ». Ce n'est plus le monde que le poème tentera de capter, de refléter ou d'interroger ; non plus les espaces étoilés, mais le creux plaintif de l'espace intérieur. A peine le destin d'un homme : son existence, les instants dépourvus qui la composent, le chant grelottant de l'âme « chétive » et orpheline. Rejeté aussi l'instrument (ou le fardeau) de la culture, — même si ses traces ne sont pas si promptes à s'effacer :*

Je ne veux feuilleter les exemplaires Grecs,
Je ne veux retracer les beaux traits d'un Horace,
Et moins veux-je imiter d'un Pétrarque la grâce,
Ou la voix d'un Ronsard, pour chanter mes Regrets.

*On n'a jamais été plus loin du sauvage et naïf appétit qui ani-
mait les auditeurs de Dorat, du :*

Je veux lire en un jour l'Iliade d'Homère;

*des assises sur quoi la Pléiade s'est fondée et de son mouvement
le plus constant, et c'est presque d'un reniement, ici, que l'on
pourrait parler. Tous les thèmes, toutes les croyances, toutes les
orgueilleuses professions de foi qui ne cesseront d'être au cœur
de la poésie de Ronsard et de ses contemporains sont d'un
coup reniés ou renoncés, — j'allais dire comme corrodés,
comme minés de l'intérieur. Et il y a dans* Les Regrets
*comme le renversement de la plus ardente espérance ; les plus
hautes illusions semblent y être percées à jour, tenues pour ce
qu'elles sont : des illusions, par lesquelles Du Bellay, les
ayant reconnues pour telles, ne saurait plus être porté ou
réchauffé :*

Aussi n'ai-je entrepris d'imiter en ce livre
Ceux qui par leurs écrits se vantent de revivre
Et se tirer tout vifs dehors des monuments.

*On dirait que cette intime fragilité en lui dont il prend
conscience, — mais avec une sorte de discrétion lasse, là encore,
sans s'en montrer accablé ou vaincu, sans ostentation, sans en
faire la source d'un pessimisme universel ou d'un nihilisme, —
cette foncière inappétence à vivre qu'il constate et qu'il accepte
comme sa « complexion »* (Car je ne suis sujet qu'à ma
complexion) *lui révèlent le leurre même de l' « immortalité »
et le détournent de l'appeau de cette seconde vie comme elles le
détournent de celle-ci. — Car on peut sourire de la secrète horreur,
disons le mot : du puritanisme qui le font, dans* Les Regrets,
*reculer devant les fêtes et les plaisirs de Rome, très particulière-
ment, — avant, sans doute, la rencontre de Faustine, — devant*

les courtisanes, « Circés d'Italie, Sirènes d'amour », masques fardés du « vice » à quoi il se réjouit naïvement d'échapper : ce recul est son mouvement le plus naturel. Ce n'est pas seulement le « vice » qui le gêne, ni que la « volupté » soit ici « toujours de saison » : c'est la volupté elle-même, c'est toute abondance de vie, devant laquelle il s'effare et se rétracte, il se replie, quitte à s'enchanter mélancoliquement du sentiment même de son inaptitude. Et c'est par là aussi qu'il achève de se séparer de la Pléiade, de la Renaissance elle-même, qui, de Rabelais à Ronsard, est tout avidité, explosion, exubérance dionysiaque.

J'ai parlé d'un reniement ou d'un renoncement, presque d'un adieu de Du Bellay à ses premières ambitions ou à sa première conception du poétique, à toute une part de son œuvre et de lui-même qui tenait moins de lui, peut-être, que des autres, que de son temps. Il y a plus, et l'on ne saurait ignorer, je crois, le très précis, le très étrange et très poignant aveu du sonnet des Regrets *qui commence par ce vers :*

Maintenant je pardonne à la douce fureur...

Ce qui est ici amèrement jugé, c'est la poésie, c'est la vocation poétique elle-même, « vain passe-temps », « longue erreur », « blessure », « venin », « scorpion », inconcevable « fureur » où le meilleur de l'âge est en vain consumé en de stériles, en d' « ingrats ouvrages », comme si l'exercice de la poésie se confondait avec ce temps perdu qui est, dans Les Regrets, *une des lancinantes obsessions de Du Bellay. Comme si cette « longue erreur », cet « abus de sa jeunesse », se confondait avec l'inaptitude à la vie immédiate, à l'accord, de soi à soi et de soi au monde, au bonheur, à la réussite selon le monde enfin dont il se convainc cruellement dans le même moment, à Rome, qu'elle n'est pas pour lui. Et peut-être, à l'origine de cette insurrection contre la condition poétique, y a-t-il autre chose encore : le doute, chez cet être inquiet et divisé, d'avoir, jeune, tendu trop haut ses filets, d'être resté au-dessous des modèles qu'il se proposait, de n'être pas, comme Ronsard, « de Phœbus vrai poète sacré ».*

Sans doute, et dans le même sonnet, pardonne-t-il finalement à la « douce fureur » que d'abord il accuse, de même que Verlaine pardonnera un jour à son « enfance fardée » après l'avoir pareillement accusée : reste qu'il s'agit d'un pardon ; reste que ce pardon a été nécessaire. Cette « fureur », elle tient trop intimement à lui pour qu'il puisse s'en délivrer ; et, s'en délivrer, il ne le souhaite point : elle est son seul bien ; fortune, carrière, réussite, tout lui échappe ; seulement, comme de toutes ses ambitions, il semble qu'elle se trouve dépouillée désormais de tous ses prestiges ; il ne veut plus, il ne croit plus « le laurier mériter » ; le chant réduit à cet intime grelottement d'une âme qui rejette toute parure et n'aspire plus qu'à se confondre avec sa vérité la plus nue, il ne croit pas que ce puisse être cela, être poète ; il a une conscience démesurée de ses limites :

Quant à moi, je n'aspire à si haute louange,
Et ne sont mes portraits auprès de vos tableaux
Non plus qu'est un Janet auprès d'un Michel-Ange.

Ce que, auprès de la souveraine aisance de Ronsard, son vers a de court, et parfois de gauche, d'un peu guindé ou d'un peu prosaïque, il est le premier à le dénoncer, incertain que, ce qu'il compose, ce « soit une prose en rime, ou une rime en prose ». Il se met tout naturellement au second rang, et il a presque honte, dirait-on, même si quelque coquetterie, ou un secret orgueil, la conscience au moins d'être lui-même et de n'être plus que cela, vient parfois l'aiguillonner, de conduire sa poésie par de si modestes chemins :

Je ne veux point fouiller au sein de la nature,
Je ne veux point chercher l'esprit de l'univers,

Je ne veux point sonder les abîmes couverts,
Ni dessiner du ciel la belle architecture.

Je ne peins mes tableaux de si riche peinture,
Et si hauts arguments ne recherche à mes vers,
Mais suivant de ce lieu les accidents divers,
Soit de bien, soit de mal, j'écris à l'aventure.

Je me plains à mes vers, si j'ai quelque regret :
Je me ris avec eux, je leur dis mon secret,
Comme étant de mon cœur les plus sûrs secrétaires.

Aussi ne veux-je tant les peigner et friser,
Et de plus braves noms ne les veux déguiser,
Que de papiers journaux, ou bien de commentaires.

Je sais bien, il y a là peut-être quelque ironie pour les son-deurs d'abîmes. Du Bellay, quant à lui, a cessé, s'il le fit jamais, de s'en faire accroire. Mais enfin, même s'il s'agit en les chantant d'enchanter ses « ennuis », de s'enchanter soi-même, et quelques rares autres avec soi, il ne croit nullement énoncer là un art poétique. Un journal de l'âme : de la poésie il n'attend désormais rien d'autre. Vrai, oui, mais à peine a-t-il le sentiment d'être neuf ; à peine songe-t-il que cela puisse compter. Et même, il a beau railler secrètement les architectes, les sondeurs du ciel et de la nature, il ne le fait pas sans nos-talgie ; à ce moment où, face à face avec lui-même, il se choisit dans sa pauvreté et dans son dénuement, où il s'accorde à cette voix lointaine qui sourd en lui, il lui semble que c'est la poésie même qu'il trahit et qui s'enfuit de lui, l'indigne, le « chétif » :

Cette divine ardeur, je ne l'ai plus aussi,
Et les Muses de moi, comme étranges, s'enfuient.

Il ne les a jamais plus intimement étreintes. Et *Du Bellay ne doit pas moins que Hugo à l'exil. A peine l'exil : à cette âme frêle, l'éloignement a suffi. Il a fait de lui ce que, profondément, il était : le poète de la nostalgie et du retour.*

La maison, *tel est le profond motif autour duquel, exprimé ou sous-jacent, s'organise toute l'architecture des* Regrets. *A la fois le foyer et cette mince fumée qui s'en exhale, — qui le révèle et qui, dirait-on, du même coup le dissipe, le ravit, — la patrie, la terre natale, la secrète et profonde origine, l'enfance, l'air respiré, la langue des vivants et l'humus des morts, le cœur vivant de la mémoire. Absente et partout présente au cœur de l'œuvre, elle est l'image fondamentale vers quoi l'âme arrachée et orpheline se sent invinciblement ramenée. Dans* Les Regrets, *poème de la séparation et de l'exil, — et c'est dans cet exil et cette séparation que l'être se découvre à lui-même, — elle est le seul point fixe, la source même et le lieu de la nostalgie, le bien perdu, la lancinante incitation et la promesse du retour. C'est à partir d'elle, et comme appelées, comme suscitées par elle, que s'établissent et rayonnent toute l'imagerie, toute la thématique des* Regrets, *le voyage et le retour, la longue espérance, l'expérience malheureuse, l'âge, le temps perdu, l'absence, le sentiment d'être étranger, l'exil et le rivage, la mer, le port...*

> Reverrai-je le clos de ma pauvre maison...
> Ainsi le pèlerin regrettant sa maison...
> Toujours de la maison le doux désir les point...
> Où je languis banni de ma maison...
> Je susse quel bien c'est de vivre en sa maison...

De poème en poème, sans cesse le poète murmure ce mot devenu soudain le plus puissant, le plus magique aimant, écoute les harmoniques toujours plus nombreux, plus déchirants

*ou plus consolants qu'il fait naître, l'incarne dans les diffé-
rentes figures qu'il peut revêtir, s'en meurtrit et s'en
enchante.*

*Et, oui, la maison, c'est d'abord, malgré la sombre enfance
(mais aussi les fiançailles sauvages et ingénues avec la poésie),
la maison paternelle, le clos, le « petit Liré », l'ardoise, la
Loire, le village, la « douceur angevine », tout ce paysage,
contemplé « en pays étranger » à travers le halo de la rêverie,
d'où cette douceur semble émaner, ou qui, dans la distance et
le songe, paraît en être lui-même la tendre, la charnelle éma-
nation : « les bois, les champs blondissants, les vignes, les
jardins et les prés verdissants que mon fleuve traverse ». Ce
fleuve, lui aussi, coule à travers tous* Les Regrets, *où son
image s'oppose à celle de la mer. La mer, dans cette œuvre,
est ce qui sépare, l'élément hostile, « importun » ou maléfique
qui semble accuser encore l'éloignement ou l'inimitié des « bords
étrangers »; le fleuve au contraire rassemble; loin de diviser,
il unit et pacifie; et de même, dans sa fuite apparente, il
demeure. Du maléfice romain, le Tibre seul est à peu près
épargné, qui ravive certes la nostalgie, mais qui, dans la même
mesure, par analogie avec le fleuve natal, la berce et l'apaise.
Même, assez étrangement, dans* Les Antiquités de Rome,
*dans cet univers de l'écoulement et du retour au chaos, cendre
du tombeau ou poudreux commencement, la figure fuyante du
fleuve apparaît un instant comme la seule image de la perma-
nence :*

> Le Tibre seul, qui vers la mer s'enfuit,
> Reste de Rome...

Déjà aussi, dans Les Antiquités, *perçait une même nos-
talgie du champ, du tuf primitif. Sous les débris de Rome, elle
croyait voir affleurer « le clos d'un lieu champêtre », suscitait,
avec un étrange et mélancolique bonheur, l'image de ces « cas-*

sines de pasteurs » antérieures à la gloire et au déclin. Devant ces ruines, devant ces mornes et poignantes figures de l'affaissement et de la dissolution, le regard du poète cherchait moins à ressusciter l'impériale vision d'une Rome triomphante que, sous elles, la vision de la terre nue d'où, murs, palais, monuments, la ville avait un jour surgi avant de revenir s'y confondre : les images de l'origine et de la permanence.

Aussi, et par un même instinctif élan, la « maison » est-elle, dans Les Regrets, *la terre même ; non seulement la « terre angevine », prés, labours, pasteurs et troupeaux, mais la « terre nourrice », la terre maternelle. Pour cet enfant vieillissant, dès les premiers jours privé de mère et négligé par les siens, obsédé par cet autre signe de l'éloignement et de la dépossession : l'âge, le temps perdu,*

Se retrouver au sein de la terre nourrice

n'apparaît pas seulement comme l'aspiration la plus vive de la nostalgie, cet enracinement est déjà le vœu d'un plus profond retour, le retour, peut-être, partout préfiguré dans Les Antiquités, *à l'obscure félicité des origines.*

Image de la maison ou de la terre mère où revenir, souvent, dans Les Regrets, *elle se confond avec celle de la France. Ce nom : France, n'est pas moins fréquemment, moins tendrement murmuré que le mot : maison ou le mot : terre. Comme celui de l'être le mieux aimé, il revient, à chaque instant, soulever le vers ou le déchirer :*

Je ne suis assuré de retourner en France...
Si je retourne en France, ô mer idalienne...
Ou si j'irai revoir les campagnes de France...
Si longuement me tient loin de la France...
Me tiennent loin de France au bord ausonien...

*La même plainte, d'un bout à l'autre, presque sans variations;
la même longue fusée endolorie et le même retombement. Un
même vers mêle et identifie France et Anjou :*

La France, et mon Anjou, dont le désir me point,

*comme si, la France, ce n'était pas aussi Paris et la Cour,
la Seine et le Louvre, comme si elle n'avait d'autre visage
que celui-là et qu'elle ne pût être trouvée et étreinte ailleurs que
là, dans ces quelques arpents de la terre maternelle, dans ce
champ au bord d'un fleuve, autour de cette « cassine » et de
cette fumée emportée, qui s'en élève. Et ailleurs, la profonde,
la véritable identification s'accomplit. La plainte, l'appel
se font cri soudain, se font reproche. La France, c'est la mère
absente et jamais connue, le seul sein qui ait jamais nourri
l'orphelin, la « terre nourrice » qui, répondant à son besoin
le plus fondamental, l'a « pour enfant avoué quelquefois »,
lui a donné le sentiment de cette chaleur et de ces racines sans
quoi le monde n'est plus qu'une plaine vide où l'être abandonné,
privé de refuge et de protection, n'a plus « de vivre nulle envie »
et erre comme un agneau perdu que menacent « le loup, le
vent » et la froidure. Si le poète se sent ainsi doublement exclu,
rejeté, c'est aussi que, « sur le bord inconnu d'un étrange rivage »,
il n'entend plus autour de lui le chant de la douce langue natale.
La mère, la nourrice, c'est celle-là qui, chansons, comptines,
parler enfantin, noces merveilleuses des mots et des rythmes,
a dès l'origine infusé en lui les sons et les vocables, indissociables
les uns des autres, de cette langue confondue désormais avec sa
respiration même et les battements de son cœur. « Seul sur la
rive latine », il est doublement exilé, puisque, exilé, il l'est
aussi de sa langue; que celle-ci n'est pas moins que la patrie
son « naturel séjour ». Pis : « changeant à l'étranger son natu-
rel langage », osant « sa langue en barbare changer », il a le
sentiment de commettre une infidélité essentielle. Infidèle,*

il l'est aussi à soi-même ; exilé, il l'est aussi de soi, puisqu'il ne fait qu'un avec cette langue, puisqu'il ne saurait être qu'en elle et que par elle.

D'où — il a beau se croire déserté par les « Muses » que naguère il « menait danser aux rayons de la Lune », il a beau se croire « agité d'une fureur » trop « basse » — ce retour à la poésie, « seule guérison », seul enchantement, seul salut. D'où cette descente et ce repliement dans le « for intérieur », dont tant de poèmes expriment la nostalgie, ce désir de s'enclore dans cette autre image de la « maison » : soi-même, le secret le mieux gardé de l'être ; d'y « régner paisiblement », d'y être à soi seul « sa cour, son roi, sa faveur, et son maître » ; y cédant à son mouvement le plus profond, d'y « ramentevoir » tous les biens perdus, tout ce dont — et l'exil se confond peut-être ici avec la vie même — l'être se croyait à jamais dépossédé : les souvenirs et les images, les anciennes saisons, les amis et les morts, les amours rêvées, les fiançailles autrefois, sur un « rivage écarté », avec les « Muses ».

S'ancrer, tel est l'instinct de l'âme le moins assouvi que Les Regrets *inlassablement trahissent. France, « douceur angevine », maison paternelle ou maison fermée de l'être, patrie, terre et langue natales, autant d'images de l'immobilité et de la permanence. Autant de lieux fixes et préservés, de stables îlots auxquels s'opposent les images maléfiques du mouvement. Le thème du voyage anime certes* Les Regrets *de bout en bout, mais il n'y apparaît en quelque sorte que comme un thème négatif. Sans doute le voyage à Rome a-t-il été ardemment désiré, espéré. Il est pourtant aussitôt vidé de toute magie, de tout pouvoir de rêverie. Pas un instant, chez cet homme de la Renaissance, nourri de culture gréco-latine, ne se laisse deviner la moindre exaltation ou le moindre enchantement. Pas un instant, « avecques l'air du ciel italien », il n'a, dirait-on, « humé l'ardeur qui l'Italie enflamme ». Pas un instant ne retentit dans ces vers une invitation au voyage, mais la hantise*

désespérée au contraire du retour, de l'immobilité, de l'enraci-
nement. Le voyage aussitôt est assurance de malheur : « mal-
heureux voyage », qu'un « sinistre présage », au moment même
du départ, accompagne. Contre le mouvement même du départ,
on dirait que, à peine en chemin, tout l'être violemment s'in-
surge ; déjà il se retourne vers tout ce qu'à peine il a quitté.
Sûr déjà qu'il va « perdre en voyageant le meilleur de son âge »,
que seulement « s'acquiert en voyageant un savoir malheureux ».
A l'image de la mer, aussitôt vient s'opposer celle du port. La
mer n'évoque que visions hostiles, par quoi l'être se sent immé-
diatement menacé : « cruel orage », écume des ondes soulevées,
« rage des vagues » et des vents, appréhension du naufrage,
« danger d'abîmer » ; à aucun moment le regard du poète ne
semble s'être posé sur le sourire doré des eaux. Maléfique,
« importun », l'air marin lui-même. Il n'est d'éléments ami-
caux que ceux de la terre : douceur de l'air angevin, flanc
éternellement en repos de la colline, reflets du ciel et des arbres
dans un fleuve familier où ils se mirent sans s'anéantir. Tout
ce qui bouge éloigne et sépare, disjoint l'âme d'elle-même et
de tout ce qu'elle aimait, l'arrache à son « naturel séjour ».
En mer, le mouvement instinctif de Du Bellay est de « tendre
les mains vers le front du rivage ». La terre, le port, c'est les
yeux fixés sur eux qu'il s'en éloigne, et l'image du port est la
seule qui, de toute l'imagerie marine présente dans Les Regrets,
soit heureuse et désirable. C'est qu'elle est l'image même du
plus profond désir. Image non seulement du retour, mais du
terme, du refuge, de l'amarrage définitif :

> La nef, qui longuement a voyagé, Dillier,
> Dedans le sein du port à la fin on la serre.

Être « serré » ainsi, rappelé de l' « étrange province » ou de
l' « éternel exil » du monde (de la vie même, peut-être), tel
est bien le vœu le plus secret, le plus obscur de Du Bellay :

Je vois la belle Dame
Qui d'un heureux signal nous appelle à son port

*module un autre poème ; et il se peut que, chez ce nostalgique,
la figure du port se confonde en fin de compte avec celle de la
mort, puisque, aussi bien, il l'avoue, l'ultime aspiration de la
nostalgie est*

De retourner au lieu de [sa] première essence.

Tari ou vanné, dans Les Regrets, *le platonisme initial
de Du Bellay, comment douter que le « lieu de [sa] première
essence », cette « maison », au bout du voyage, à regagner, soit
désormais, non le ciel des Idées, mais cette terre originelle, ce
doux ventre, cet « oubli du somme » vers quoi déjà, dans la*
Complainte du désespéré, *se tournait l'âme innocente et
malheureuse, dépaysée au monde et à elle-même étrangère ?*

Jacques Borel.

Les Antiquités
de Rome

AU ROI*

Ne vous pouvant donner ces ouvrages antiques
Pour votre Saint-Germain ou pour Fontainebleau,
Je les vous donne, Sire, en ce petit tableau
Peint, le mieux que j'ai pu, de couleurs poétiques :

Qui mis sous votre nom devant les yeux publiques,
Si vous le daignez voir en son jour le plus beau,
Se pourra bien vanter d'avoir hors du tombeau
Tiré des vieux Romains les poudreuses reliques.

Que vous puissent les dieux un jour donner tant d'heur,
De rebâtir en France une telle grandeur
Que je la voudrais bien peindre en votre langage :

Et peut-être qu'alors votre grand Majesté,
Repensant à mes vers, dirait qu'ils ont été
De votre monarchie un bienheureux présage.

* Les astérisques renvoient aux notes, page 296.

Divins esprits, dont la poudreuse cendre
Gît sous le faix de tant de murs couverts,
Non votre los, qui vif par vos beaux vers
Ne se verra sous la terre descendre,

Si des humains la voix se peut étendre
Depuis ici jusqu'au fond des enfers,
Soient à mon cri les abîmes ouverts
Tant que d'abas vous me puissiez entendre.

Trois fois cernant sous le voile des cieux
De vos tombeaux le tour dévotieux,
A haute voix trois fois je vous appelle :

J'invoque ici votre antique fureur,
En cependant que d'une sainte horreur
Je vais chantant votre gloire plus belle.

2*

Le Babylonien ses hauts murs vantera
Et ses vergers en l'air, de son Éphésienne

La Grèce décrira la fabrique ancienne,
Et le peuple du Nil ses pointes chantera :

La même Grèce encor vanteuse publiera
De son grand Jupiter l'image Olympienne,
Le Mausole sera la gloire Carienne,
Et son vieux Labyrinth' la Crète n'oubliera :

L'antique Rhodien élèvera la gloire
De son fameux Colosse, au temple de Mémoire :
Et si quelque œuvre encor digne se peut vanter

De marcher en ce rang, quelque plus grand faconde
Le dira : quant à moi, pour tous je veux chanter
Les sept coteaux romains, sept miracles du monde.

3 *

Nouveau venu, qui cherches Rome en Rome
Et rien de Rome en Rome n'aperçois,
Ces vieux palais, ces vieux arcs que tu vois,
Et ces vieux murs, c'est ce que Rome on nomme.

Vois quel orgueil, quelle ruine : et comme
Celle qui mit le monde sous ses lois,
Pour dompter tout, se dompta quelquefois,
Et devint proie au temps, qui tout consomme.

Rome de Rome est le seul monument,
Et Rome Rome a vaincu seulement.
Le Tibre seul, qui vers la mer s'enfuit,

Reste de Rome. O mondaine inconstance!
Ce qui est ferme, est par le temps détruit,
Et ce qui fuit, au temps fait résistance.

4 *

Celle qui de son chef les étoiles passait,
Et d'un pied sur Thétis, l'autre dessous l'Aurore,
D'une main sur le Scythe, et l'autre sur le More,
De la terre et du ciel la rondeur compassait :

Jupiter ayant peur, si plus elle croissait,
Que l'orgueil des Géants se relevât encore,
L'accabla sous ces monts, ces sept monts qui sont ore
Tombeaux de la grandeur qui le ciel menaçait.

Il lui mit sur le chef la croupe Saturnale,
Puis dessus l'estomac assit la Quirinale,
Sur le ventre il planta l'antique Palatin,

Mit sur la dextre main la hauteur Célienne,
Sur la senestre assit l'échine Exquilienne,
Viminal sur un pied, sur l'autre l'Aventin.

5

Qui voudra voir tout ce qu'ont pu nature,
L'art et le ciel, Rome, te vienne voir :

J'entends s'il peut ta grandeur concevoir
Par ce qui n'est que ta morte peinture.

Rome n'est plus : et si l'architecture
Quelque ombre encor de Rome fait revoir,
C'est comme un corps par magique savoir
Tiré de nuit hors de sa sépulture.

Le corps de Rome en cendre est dévalé,
Et son esprit rejoindre s'est allé
Au grand esprit de cette masse ronde.

Mais ses écrits, qui son los le plus beau
Malgré le temps arrachent du tombeau,
Font son idole errer parmi le monde.

6 *

Telle que dans son char la Bérécynthienne
Couronnée de tours, et joyeuse d'avoir
Enfanté tant de dieux, telle se faisait voir
En ses jours plus heureux cette ville ancienne :

Cette ville, qui fut plus que la Phrygienne
Foisonnante en enfants, et de qui le pouvoir
Fut le pouvoir du monde, et ne se peut revoir
Pareille à sa grandeur, grandeur sinon la sienne.

Rome seule pouvait à Rome ressembler,
Rome seule pouvait Rome faire trembler :
Aussi n'avait permis l'ordonnance fatale

Qu'autre pouvoir humain, tant fût audacieux,
Se vantât d'égaler celle qui fit égale
Sa puissance à la terre et son courage aux cieux.

7 *

Sacrés coteaux, et vous saintes ruines,
Qui le seul nom de Rome retenez,
Vieux monuments, qui encor soutenez
L'honneur poudreux de tant d'âmes divines :

Arcs triomphaux, pointes du ciel voisines,
Qui de vous voir le ciel même étonnez,
Las, peu à peu cendre vous devenez,
Fable du peuple et publiques rapines !

Et bien qu'au temps pour un temps fassent guerre
Les bâtiments, si est-ce que le temps
Œuvres et noms finablement atterre.

Tristes désirs, vivez doncques contents :
Car si le temps finit chose si dure,
Il finira la peine que j'endure.

8 *

Par armes et vaisseaux Rome dompta le monde,
Et pouvait-on juger qu'une seule cité

Avait de sa grandeur le terme limité
Par la même rondeur de la terre et de l'onde.

Et tant fut la vertu de ce peuple féconde
En vertueux neveux, que sa postérité,
Surmontant ses aïeux en brave autorité,
Mesura le haut ciel à la terre profonde :

Afin qu'ayant rangé tout pouvoir sous sa main,
Rien ne pût être borne à l'empire romain :
Et que, si bien le temps détruit les républiques,

Le temps ne mît si bas la romaine hauteur,
Que le chef déterré aux fondements antiques,
Qui prirent nom de lui, fut découvert menteur.

9

Astres cruels, et vous dieux inhumains,
Ciel envieux, et marâtre nature,
Soit que par ordre ou soit qu'à l'aventure
Voise le cours des affaires humains,

Pourquoi jadis ont travaillé vos mains
A façonner ce monde qui tant dure ?
Ou que ne fut de matière aussi dure
Le brave front de ces palais romains ?

Je ne dis plus la sentence commune,
Que toute chose au-dessous de la lune
Est corrompable et sujette à mourir :

Mais bien je dis (et n'en veuille déplaire
A qui s'efforce enseigner le contraire)
Que ce grand Tout doit quelquefois périr.

10 *

Plus qu'aux bords Aetëans le brave fils d'Éson,
Qui par enchantement conquit la riche laine,
Des dents d'un vieux serpent ensemençant la plaine
N'engendra de soldats au champ de la toison,

Cette ville, qui fut en sa jeune saison
Un hydre de guerriers, se vit bravement pleine
De braves nourrissons, dont la gloire hautaine
A rempli du Soleil l'une et l'autre maison :

Mais qui finalement, ne se trouvant au monde
Hercule qui domptât semence tant féconde,
D'une horrible fureur l'un contre l'autre armés,

Se moissonnèrent tous par un soudain orage,
Renouvelant entre eux la fraternelle rage
Qui aveugla jadis les fiers soldats semés.

11 *

Mars, vergogneux d'avoir donné tant d'heur
A ses neveux que l'impuissance humaine

Enorgueillie en l'audace romaine
Semblait fouler la céleste grandeur,

Refroidissant cette première ardeur,
Dont le Romain avait l'âme si pleine,
Souffla son feu, et d'une ardente haleine
Vint échauffer la gothique froideur.

Ce peuple adonc, nouveau fils de la Terre,
Dardant partout les foudres de la guerre,
Ces braves murs accabla sous sa main,

Puis se perdit dans le sein de sa mère,
Afin que nul, fût-ce des dieux le père,
Se pût vanter de l'empire romain.

12

Tels que l'on vit jadis les enfants de la Terre
Plantés dessus les monts pour écheller les cieux,
Combattre main à main la puissance des dieux,
Et Jupiter contre eux, qui ses foudres desserre :

Puis tout soudainement renversés du tonnerre
Tomber deçà delà ces squadrons furieux,
La Terre gémissante, et le Ciel glorieux
D'avoir à son honneur achevé cette guerre :

Tel encore on a vu par-dessus les humains
Le front audacieux des sept coteaux romains
Lever contre le ciel son orgueilleuse face :

Et tels ores on voit ces champs déshonorés
Regretter leur ruine, et les dieux assurés
Ne craindre plus là-haut si effroyable audace.

13

Ni la fureur de la flamme enragée,
Ni le tranchant du fer victorieux,
Ni le dégât du soldat furieux,
Qui tant de fois, Rome, t'a saccagée,

Ni coup sur coup ta fortune changée,
Ni le ronger des siècles envieux,
Ni le dépit des hommes et des dieux,
Ni contre toi ta puissance rangée,

Ni l'ébranler des vents impétueux,
Ni le débord de ce dieu tortueux
Qui tant de fois t'a couvert de son onde,

Ont tellement ton orgueil abaissé,
Que la grandeur du rien qu'ils t'ont laissé
Ne fasse encore émerveiller le monde.

14

Comme on passe en été le torrent sans danger,
Qui soulait en hiver être roi de la plaine,

Et ravir par les champs d'une fuite hautaine
L'espoir du laboureur et l'espoir du berger :

Comme on voit les couards animaux outrager
Le courageux lion gisant dessus l'arène,
Ensanglanter leurs dents, et d'une audace vaine
Provoquer l'ennemi qui ne se peut venger :

Et comme devant Troie on vit des Grecs encor
Braver les moins vaillants autour du corps d'Hector :
Ainsi ceux qui jadis soulaient, à tête basse,

Du triomphe romain la gloire accompagner,
Sur ces poudreux tombeaux exercent leur audace,
Et osent les vaincus les vainqueurs dédaigner.

15

Pâles esprits, et vous ombres poudreuses,
Qui jouissant de la clarté du jour
Fîtes sortir cet orgueilleux séjour,
Dont nous voyons les reliques cendreuses :

Dites, esprits (ainsi les ténébreuses
Rives de Styx non passable au retour,
Vous enlaçant d'un trois fois triple tour,
N'enferment point vos images ombreuses),

Dites-moi donc (car quelqu'une de vous
Possible encor se cache ici dessous)
Ne sentez-vous augmenter votre peine,

Quand quelquefois de ces coteaux romains
Vous contemplez l'ouvrage de vos mains
N'être plus rien qu'une poudreuse plaine?

16 *

Comme l'on voit de loin sur la mer courroucée
Une montagne d'eau d'un grand branle ondoyant,
Puis traînant mille flots, d'un gros choc aboyant
Se crever contre un roc, où le vent l'a poussée :

Comme on voit la fureur par l'Aquilon chassée
D'un sifflement aigu l'orage tournoyant,
Puis d'une aile plus large en l'air s'esbanoyant
Arrêter tout à coup sa carrière lassée :

Et comme on voit la flamme ondoyant en cent lieux
Se rassemblant en un, s'aiguiser vers les cieux,
Puis tomber languissante : ainsi parmi le monde

Erra la monarchie : et croissant tout ainsi
Qu'un flot, qu'un vent, qu'un feu, sa course vagabonde
Par un arrêt fatal s'est venue perdre ici.

17 *

Tant que l'oiseau de Jupiter vola,
Portant le feu dont le ciel nous menace,

Le ciel n'eut peur de l'effroyable audace
Qui des Géants le courage affola :

Mais aussitôt que le Soleil brûla
L'aile qui trop se fit la terre basse,
La terre mit hors de sa lourde masse
L'antique horreur qui le droit viola.

Alors on vit la corneille germaine
Se déguisant feindre l'aigle romaine,
Et vers le ciel s'élever derechef

Ces braves monts autrefois mis en poudre,
Ne voyant plus voler dessus leur chef
Ce grand oiseau ministre de la foudre.

18

　　　　　　　　　　　　　　　　　[vois,
Ces grands monceaux pierreux, ces vieux murs que tu
Furent premièrement le clos d'un lieu champêtre :
Et ces braves palais, dont le temps s'est fait maître,
Cassines de pasteurs ont été quelquefois.

Lors prirent les bergers les ornements des rois,
Et le dur laboureur de fer arma sa dextre :
Puis l'annuel pouvoir le plus grand se vit être,
Et fut encor plus grand le pouvoir de six mois :

Qui, fait perpétuel, crut en telle puissance,
Que l'aigle impérial de lui prit sa naissance :
Mais le Ciel, s'opposant à tel accroissement,

Mit ce pouvoir ès mains du successeur de Pierre,
Qui sous nom de pasteur, fatal à cette terre,
Montre que tout retourne à son commencement.

19 *

Tout le parfait dont le ciel nous honore,
Tout l'imparfait qui naît dessous les cieux,
Tout ce qui paît nos esprits et nos yeux,
Et tout cela qui nos plaisirs dévore :

Tout le malheur qui notre âge dédore,
Tout le bonheur des siècles les plus vieux,
Rome du temps de ses premiers aïeux
Le tenait clos, ainsi qu'une Pandore.

Mais le destin, débrouillant ce chaos,
Où tout le bien et le mal fut enclos,
A fait depuis que les vertus divines

Volant au ciel ont laissé les péchés,
Qui jusqu'ici se sont tenus cachés
Sous les monceaux de ces vieilles ruines.

20

Non autrement qu'on voit la pluvieuse nue
Des vapeurs de la terre en l'air se soulever,
Puis se courbant en arc, afin de s'abreuver,
Se plonger dans le sein de Téthys la chenue,

Et montant derechef d'où elle était venue,
Sous un grand ventre obscur tout le monde couver,
Tant que finablement on la voit se crever,
Or en pluie, or en neige, or en grêle menue :

Cette ville qui fut l'ouvrage d'un pasteur,
S'élevant peu à peu, crut en telle hauteur
Que reine elle se vit de la terre et de l'onde :

Tant que ne pouvant plus si grand faix soutenir,
Son pouvoir dissipé s'écarta par le monde,
Montrant que tout en rien doit un jour devenir.

21 *

Celle que Pyrrhe et le Mars de Libye
N'ont su dompter, cette brave cité
Qui d'un courage au mal exercité
Soutint le choc de la commune envie,

Tant que sa nef par tant d'ondes ravie
Eut contre soi tout le monde incité,
On n'a point vu le roc d'adversité
Rompre sa course heureusement suivie :

Mais défaillant l'objet de sa vertu,
Son pouvoir s'est de lui-même abattu,
Comme celui que le cruel orage

A longuement gardé de faire abord,
Si trop grand vent le chasse sur le port,
Dessus le port se voit faire naufrage.

22

Quand ce brave séjour, honneur du nom Latin,
Qui borna sa grandeur d'Afrique et de la Bise,
De ce peuple qui tient les bords de la Tamise,
Et de celui qui voit éclore le matin,

Anima contre soi d'un courage mutin
Ses propres nourrissons, sa dépouille conquise,
Qu'il avait par tant d'ans sur tout le monde acquise,
Devint soudainement du monde le butin :

Ainsi quand du grand Tout la fuite retournée,
Ou trente-six mille ans ont sa course bornée,
Rompra des éléments le naturel accord,

Les semences qui sont mères de toutes choses
Retourneront encore à leur premier discord,
Au ventre du Chaos éternellement closes.

23 *

O que celui était cautement sage,
Qui conseillait, pour ne laisser moisir
Ses citoyens en paresseux loisir,
De pardonner aux remparts de Carthage !

Il prévoyait que le romain courage,
Impatient du languissant plaisir,

Par le repos se laisserait saisir
A la fureur de la civile rage.

Aussi voit-on qu'en un peuple otieux,
Comme l'humeur en un corps vicieux,
L'ambition facilement s'engendre.

Ce qui advint, quand l'envieux orgueil
De ne vouloir ni plus grand ni pareil
Rompit l'accord du beau-père et du gendre.

24 *

Si l'aveugle fureur, qui cause les batailles,
Des pareils animaux n'a les cœurs allumés,
Soit ceux qui vont courant ou soit les emplumés,
Ceux-là qui vont rampant ou les armés d'écailles :

Quelle ardente Erinnys de ses rouges tenailles
Vous pincetait les cœurs de rage envenimés,
Quand si cruellement l'un sur l'autre animés
Vous détrempiez le fer en vos propres entrailles ?

Était-ce point, Romains, votre cruel destin,
Ou quelque vieux péché qui d'un discord mutin
Exerçait contre vous sa vengeance éternelle ?

Ne permettant des dieux le juste jugement,
Vos murs ensanglantés par la main fraternelle
Se pouvoir assurer d'un ferme fondement.

25 *

Que n'ai-je encor la harpe thracienne,
Pour réveiller de l'enfer paresseux
Ces vieux Césars, et les ombres de ceux
Qui ont bâti cette ville ancienne ?

Ou que je n'ai celle amphionienne,
Pour animer d'un accord plus heureux
De ces vieux murs les ossements pierreux,
Et restaurer la gloire ausonienne ?

Pussé-je au moins d'un pinceau plus agile
Sur le patron de quelque grand Virgile
De ces palais les portraits façonner :

J'entreprendrais, vu l'ardeur qui m'allume,
De rebâtir au compas de la plume
Ce que les mains ne peuvent maçonner.

26

Qui voudrait figurer la romaine grandeur
En ses dimensions, il ne lui faudrait querre
A la ligne et au plomb, au compas, à l'équerre,
Sa longueur et largeur, hautesse et profondeur :

Il lui faudrait cerner d'une égale rondeur
Tout ce que l'océan de ses longs bras enserre,

Soit où l'astre annuel échauffe plus la terre,
Soit où souffle Aquilon sa plus grande froideur.

Rome fut tout le monde, et tout le monde est Rome.
Et si par mêmes noms mêmes choses on nomme,
Comme du nom de Rome on se pourrait passer,

La nommant par le nom de la terre et de l'onde :
Ainsi le monde on peut sur Rome compasser,
Puisque le plan de Rome est la carte du monde.

27 *

Toi qui de Rome émerveillé contemples
L'antique orgueil, qui menaçait les cieux,
Ces vieux palais, ces monts audacieux,
Ces murs, ces arcs, ces thermes et ces temples,

Juge, en voyant ces ruines si amples,
Ce qu'a rongé le temps injurieux,
Puisqu'aux ouvriers les plus industrieux
Ces vieux fragments encor servent d'exemples.

Regarde après, comme de jour en jour
Rome, fouillant son antique séjour,
Se rebâtit de tant d'œuvres divines :

Tu jugeras que le démon romain
S'efforce encor d'une fatale main
Ressusciter ces poudreuses ruines.

28 *

Qui a vu quelquefois un grand chêne asséché,
Qui pour son ornement quelque trophée porte,
Lever encore au ciel sa vieille tête morte,
Dont le pied fermement n'est en terre fiché,

Mais qui dessus le champ plus qu'à demi penché
Montre ses bras tout nus et sa racine torte,
Et sans feuille ombrageux, de son poids se supporte
Sur un tronc nouailleux en cent lieux ébranché :

Et bien qu'au premier vent il doive sa ruine,
Et maint jeune à l'entour ait ferme la racine,
Du dévot populaire être seul révéré :

Qui tel chêne a pu voir, qu'il imagine encore
Comme entre les cités, qui plus florissent ore,
Ce vieil honneur poudreux est le plus honoré.

29 *

Tout ce qu'Égypte en pointe façonna,
Tout ce que Grèce à la corinthienne,
A l'ionique, attique ou dorienne,
Pour l'ornement des temples maçonna :

Tout ce que l'art de Lysippe donna,
La main d'Apelle ou la main phidienne,

Soulait orner cette ville ancienne,
Dont la grandeur le ciel même étonna :

Tout ce qu'Athène eut onques de sagesse,
Tout ce qu'Asie eut onques de richesse,
Tout ce qu'Afrique eut onques de nouveau,

S'est vu ici. O merveille profonde!
Rome vivant fut l'ornement du monde,
Et morte elle est du monde le tombeau.

30

Comme le champ semé en verdure foisonne,
De verdure se hausse en tuyau verdissant,
Du tuyau se hérisse en épi florissant,
D'épi jaunit en grain, que le chaud assaisonne :

Et comme en la saison le rustique moissonne
Les ondoyants cheveux du sillon blondissant,
Les met d'ordre en javelle, et du blé jaunissant
Sur le champ dépouillé mille gerbes façonne :

Ainsi de peu à peu crût l'empire romain,
Tant qu'il fut dépouillé par la barbare main,
Qui ne laissa de lui que ces marques antiques

Que chacun va pillant : comme on voit le glaneur
Cheminant pas à pas recueillir les reliques
De ce qui va tombant après le moissonneur.

31 *

De ce qu'on ne voit plus qu'une vague campagne
Où tout l'orgueil du monde on a vu quelquefois,
Tu n'en es pas coupable, ô quiconque tu sois
Que le Tigre et le Nil, Gange et Euphrate baigne :

Coupables n'en sont pas l'Afrique ni l'Espagne,
Ni ce peuple qui tient les rivages anglais,
Ni ce brave soldat qui boit le Rhin gaulois,
Ni cet autre guerrier, nourrisson d'Allemagne.

Tu en es seule cause, ô civile fureur,
Qui semant par les champs l'émathienne horreur,
Armas le propre gendre encontre son beau-père :

Afin qu'étant venue à son degré plus haut,
La Romaine grandeur, trop longuement prospère,
Se vît ruer à bas d'un plus horrible saut.

32 *

Espérez-vous que la postérité
Doive, mes vers, pour tout jamais vous lire?
Espérez-vous que l'œuvre d'une lyre
Puisse acquérir telle immortalité?

Si sous le ciel fût quelque éternité,
Les monuments que je vous ai fait dire,

Non en papier, mais en marbre et porphyre,
Eussent gardé leur vive antiquité.

Ne laisse pas toutefois de sonner,
Luth, qu'Apollon m'a bien daigné donner :
Car si le temps ta gloire ne dérobe,

Vanter te peux, quelque bas que tu sois,
D'avoir chanté, le premier des François,
L'antique honneur du peuple à longue robe.

SONGE *

I

C'était alors que le présent des dieux
Plus doucement s'écoule aux yeux de l'homme,
Faisant noyer dedans l'oubli du somme
Tout le souci du jour laborieux;

Quand un démon apparut à mes yeux
Dessus le bord du grand fleuve de Rome,
Qui, m'appelant du nom dont je me nomme,
Me commanda regarder vers les cieux :

Puis m'écria : Vois, dit-il, et contemple
Tout ce qui est compris sous ce grand temple,
Vois comme tout n'est rien que vanité.

Lors, connaissant la mondaine inconstance,
Puisque Dieu seul au temps fait résistance,
N'espère rien qu'en la divinité.

II

Sur la croupe d'un mont je vis une fabrique
De cent brasses de haut : cent colonnes d'un rond

Toutes de diamant ornaient le brave front :
Et la façon de l'œuvre était à la dorique.

La muraille n'était de marbre ni de brique,
Mais d'un luisant cristal, qui du sommet au fond
Élançait mille rais de son ventre profond
Sur cent degrés dorés du plus fin or d'Afrique.

D'or était le lambris, et le sommet encor
Reluisait écaillé de grandes lames d'or :
Le pavé fut de jaspe et d'émeraude fine.

O vanité du monde! un soudain tremblement
Faisant crouler du mont la plus basse racine,
Renversa ce beau lieu depuis le fondement.

III

Puis m'apparut une pointe aiguisée
D'un diamant de dix pieds en carré,
A sa hauteur justement mesuré,
Tant qu'un archer pourrait prendre visée.

Sur cette pointe une urne fut posée
De ce métal sur tous plus honoré :
Et reposait en ce vase doré
D'un grand César la cendre composée.

Aux quatre coins étaient couchés encor
Pour piédestal quatre grands lions d'or,
Digne tombeau d'une si digne cendre.

Las, rien ne dure au monde que tourment!
Je vis du ciel la tempête descendre,
Et foudroyer ce brave monument.

IV *

Je vis haut élevé sur colonnes d'ivoire,
Dont les bases étaient du plus riche métal,
A chapiteaux d'albâtre et frises de cristal,
Le double front d'un arc dressé pour la mémoire.

A chaque face était portraite une victoire,
Portant ailes au dos, avec habit nymphal,
Et haut assise y fut sur un char triomphal
Des empereurs romains la plus antique gloire.

L'ouvrage ne montrait un artifice humain,
Mais semblait être fait de cette propre main
Qui forge en aiguisant la paternelle foudre.

Las, je ne veux plus voir rien de beau sous les cieux,
Puisqu'un œuvre si beau j'ai vu devant mes yeux
D'une soudaine chute être réduit en poudre.

V *

Et puis je vis l'arbre dodonien
Sur sept coteaux épandre son ombrage,
Et les vainqueurs ornés de son feuillage
Dessus le bord du fleuve ausonien.

Là fut dressé maint trophée ancien,
Mainte dépouille, et maint beau témoignage
De la grandeur de ce brave lignage
Qui descendit du sang dardanien.

J'étais ravi de voir chose si rare,
Quand de paysans une troupe barbare
Vint outrager l'honneur de ces rameaux.

J'ouïs le tronc gémir sous la cognée,
Et vis depuis la souche dédaignée
Se reverdir en deux arbres jumeaux.

VI

Une louve je vis sous l'antre d'un rocher
Allaitant deux bessons : je vis à sa mamelle
Mignardement jouer cette couple jumelle,
Et d'un col allongé la louve les lécher.

Je la vis hors de là sa pâture chercher,
Et courant par les champs, d'une fureur nouvelle
Ensanglanter la dent et la patte cruelle
Sur les menus troupeaux pour sa soif étancher.

Je vis mille veneurs descendre des montagnes
Qui bornent d'un côté les lombardes campagnes,
Et vis de cent épieux lui donner dans le flanc.

Je la vis de son long sur la plaine étendue,
Poussant mille sanglots, se vautrer en son sang,
Et dessus un vieux tronc la dépouille pendue.

VII

Je vis l'oiseau qui le soleil contemple
D'un faible vol au ciel s'aventurer,
Et peu à peu ses ailes assurer,
Suivant encor le maternel exemple.

Je le vis croître, et d'un voler plus ample
Des plus hauts monts la hauteur mesurer,
Percer la nue, et ses ailes tirer
Jusqu'au lieu où des dieux est le temple.

Là se perdit : puis soudain je l'ai vu
Rouant par l'air en tourbillon de feu,
Tout enflammé sur la plaine descendre.

Je vis son corps en poudre tout réduit,
Et vis l'oiseau, qui la lumière fuit,
Comme un vermet renaître de sa cendre.

VIII

Je vis un fier torrent, dont les flots écumeux
Rongeaient les fondements d'une vieille ruine :
Je le vis tout couvert d'une obscure bruine,
Qui s'élevait par l'air en tourbillons fumeux :

Dont se formait un corps à sept chefs merveilleux,
Qui villes et châteaux couvait sous sa poitrine,

Et semblait dévorer d'une égale rapine
Les plus doux animaux et les plus orgueilleux.

J'étais émerveillé de voir ce monstre énorme
Changer en cent façons son effroyable forme,
Lorsque je vis sortir d'un antre scythien

Ce vent impétueux, qui souffle la froidure,
Dissiper ces nuaux, et en si peu que rien
S'évanouir par l'air cette horrible figure.

IX *

Tout effrayé de ce monstre nocturne,
Je vis un corps hideusement nerveux,
A longue barbe, à longs flottants cheveux,
A front ridé et face de Saturne :

Qui s'accoudant sur le ventre d'une urne,
Versait une eau, dont le cours fluctueux
Allait baignant tout ce bord sinueux
Où le Troyen combattit contre Turne.

Dessous ses pieds une louve allaitait
Deux enfançons : sa main dextre portait
L'arbre de paix, l'autre la palme forte :

Son chef était couronné de laurier.
Adonc lui chut la palme et l'olivier,
Et du laurier la branche devint morte.

X

Sur la rive d'un fleuve une nymphe éplorée,
Croisant les bras au ciel avec mille sanglots,
Accordait cette plainte au murmure des flots,
Outrageant son beau teint et sa tresse dorée :

Las, où est maintenant cette face honorée,
Où est cette grandeur et cet antique los,
Où tout l'heur et l'honneur du monde fut enclos,
Quand des hommes j'étais et des dieux adorée ?

N'était-ce pas assez que le discord mutin
M'eût fait de tout le monde un publique butin,
Si cet hydre nouveau, digne de cent Hercules,

Foisonnant en sept chefs de vices monstrueux
Ne m'engendrait encore à ces bords tortueux
Tant de cruels Nérons et tant de Caligules ?

XI

Dessus un mont une flamme allumée
A triple pointe ondoyait vers les cieux,
Qui de l'encens d'un cèdre précieux
Parfumait l'air d'une odeur embaumée.

D'un blanc oiseau l'aile bien emplumée
Semblait voler jusqu'au séjour des dieux,

Et dégoisant un chant mélodieux
Montait au ciel avecques la fumée.

De ce beau feu les rayons écartés
Lançaient partout mille et mille clartés,
Quand le dégout d'une pluie dorée

Le vint éteindre. O triste changement!
Ce qui sentait si bon premièrement
Fut corrompu d'une odeur sulfurée.

XII *

Je vis sourdre d'un roc une vive fontaine,
Claire comme cristal aux rayons du soleil,
Et jaunissant au fond d'un sablon tout pareil
A celui que Pactol roule parmi la plaine.

Là semblait que nature et l'art eussent pris peine
D'assembler en un lieu tous les plaisirs de l'œil :
Et là s'oyait un bruit incitant au sommeil, ·
De cent accords plus doux que ceux d'une sirène.

Les sièges et relais luisaient d'ivoire blanc,
Et cent nymphes autour se tenaient flanc à flanc,
Quand des monts plus prochains de faunes une suite

En effroyables cris sur le lieu s'assembla,
Qui de ses vilains pieds la belle onde troubla,
Mit les sièges par terre et les nymphes en fuite.

XIII *

Plus riche assez que ne se montrait celle
Qui apparut au triste Florentin,
Jetant ma vue au rivage latin,
Je vis de loin surgir une nacelle :

Mais tout soudain la tempête cruelle,
Portant envie à si riche butin,
Vint assaillir d'un aquilon mutin
La belle nef des autres la plus belle.

Finablement l'orage impétueux
Fit abîmer d'un gouffre tortueux
La grand richesse à nulle autre seconde.

Je vis sous l'eau perdre le beau trésor,
La belle nef, et les roches encor,
Puis vis la nef se ressourdre sur l'onde.

XIV

Ayant tant de malheurs gémi profondément,
Je vis une cité quasi semblable à celle
Que vit le messager de la bonne nouvelle,
Mais bâti sur le sable était son fondement.

Il semblait que son chef touchât au firmament,
Et sa forme n'était moins superbe que belle :

Digne, s'il en fut onc, digne d'être immortelle,
Si rien dessous le ciel se fondait fermement.

J'étais émerveillé de voir si bel ouvrage,
Quand du côté de nord vint le cruel orage,
Qui soufflant la fureur de son cœur dépité

Sur tout ce qui s'oppose encontre sa venue,
Renversa sur-le-champ, d'une poudreuse nue,
Les faibles fondements de la grande cité.

XV *

Finablement sur le point que Morphée
Plus véritable apparaît à nos yeux,
Fâché de voir l'inconstance des cieux,
Je vois venir la sœur du grand Typhée :

Qui bravement d'un morion coiffée
En majesté semblait égale aux dieux,
Et sur le bord d'un fleuve audacieux
De tout le monde érigeait un trophée.

Cent rois vaincus gémissaient à ses pieds,
Les bras aux dos honteusement liés :
Lors effrayé de voir telle merveille,

Le ciel encor je lui vois guerroyer,
Puis tout à coup je la vois foudroyer,
Et du grand bruit en sursaut je m'éveille.

Les Regrets

AD LECTOREM *

Quem, lector, tibi nunc damus libellum,
Hic fellisque simul, simulque mellis,
Permixtumque salis refert saporem.
Si gratum quid erit tuo palato,
Huc conviva veni : tibi haec parata est
Coena. Sin minus, hinc facesse, quaeso :
Ad hanc te volui haud vocare coenam.

A MONSIEUR D'AVANSON *

CONSEILLER DU ROI
EN SON PRIVÉ CONSEIL

Si je n'ai plus la faveur de la Muse,
Et si mes vers se trouvent imparfaits,
Le lieu, le temps, l'âge où je les ai faits,
Et mes ennuis leur serviront d'excuse.

J'étais à Rome au milieu de la guerre,
Sortant déjà de l'âge plus dispos,
A mes travaux cherchant quelque repos,
Non pour louange ou pour faveur acquerre.

Ainsi voit-on celui qui sur la plaine
Pique le bœuf ou travaille au rempart
Se réjouir, et d'un vers fait sans art
S'évertuer au travail de sa peine.

Celui aussi, qui dessus la galère
Fait écumer les flots à l'environ,
Ses tristes chants accorde à l'aviron,
Pour éprouver la rame plus légère.

On dit qu'Achille, en remâchant son ire,
De tels plaisirs soulait s'entretenir,

Pour adoucir le triste souvenir
De sa maîtresse, aux fredons de sa lyre.

Ainsi flattait le regret de la sienne
Perdue, hélas, pour la seconde fois,
Cil qui jadis aux rochers et aux bois
Faisait ouïr sa harpe thracienne.

La Muse ainsi me fait sur ce rivage,
Où je languis banni de ma maison,
Passer l'ennui de la triste saison,
Seule compagne à mon si long voyage.

La Muse seule au milieu des alarmes
Est assurée et ne pâlit de peur :
La Muse seule au milieu du labeur
Flatte la peine et dessèche les larmes.

D'elle je tiens le repos et la vie,
D'elle j'apprends à n'être ambitieux,
D'elle je tiens les saints présents des dieux
Et le mépris de fortune et d'envie.

Aussi sait-elle, ayant dès mon enfance
Toujours guidé le cours de mon plaisir,
Que le devoir, non l'avare désir,
Si longuement me tient loin de la France.

Je voudrais bien (car pour suivre la Muse
J'ai sur mon dos chargé la pauvreté)
Ne m'être au trac des neuf Sœurs arrêté,
Pour aller voir la source de Méduse.

Mais que ferai-je afin d'échapper d'elles ?
Leur chant flatteur a trompé mes esprits,
Et les appas auxquels elles m'ont pris
D'un doux lien ont englué mes ailes.

Non autrement que d'une douce force
D'Ulysse étaient les compagnons liés,
Et sans penser aux travaux oubliés
Aimaient le fruit qui leur servait d'amorce.

Celui qui a de l'amoureux breuvage
Goûté mal sain le poison doux-amer,
Connaît son mal, et contraint de l'aimer,
Suit le lien qui le tient en servage.

Pour ce me plaît la douce poésie,
Et le doux trait par qui je fus blessé :
Dès le berceau la Muse m'a laissé
Cet aiguillon dedans la fantaisie.

Je suis content qu'on appelle folie
De nos esprits la sainte déité,
Mais ce n'est pas sans quelque utilité
Que telle erreur si doucement nous lie.

Elle éblouit les yeux de la pensée
Pour quelquefois ne voir notre malheur,
Et d'un doux charme enchante la douleur
Dont nuit et jour notre âme est offensée.

Ainsi encor la vineuse prêtresse,
Qui de ses cris Ide va remplissant,
Ne sent le coup du thyrse la blessant,
Et je ne sens le malheur qui me presse.

Quelqu'un dira : De quoi servent ces plaintes ?
Comme de l'arbre on voit naître le fruit,
Ainsi les fruits que la douleur produit
Sont les soupirs et les larmes non feintes.

De quelque mal un chacun se lamente,
Mais les moyens de plaindre sont divers :
J'ai, quant à moi, choisi celui des vers
Pour désaigrir l'ennui qui me tourmente.

Et c'est pourquoi d'une douce satire
Entremêlant les épines aux fleurs,
Pour ne fâcher le monde de mes pleurs,
J'apprête ici le plus souvent à rire.

Or si mes vers méritent qu'on les loue
Ou qu'on les blâme, à vous seul entre tous
Je m'en rapporte ici : car c'est à vous,
A vous, Seigneur, à qui seul je les voue :

Comme celui qui avec la sagesse
Avez conjoint le droit et l'équité,
Et qui portez de toute antiquité
Joint à vertu le titre de noblesse :

Ne dédaignant, comme était la coutume,
Le long habit, lequel vous honorez,
Comme celui qui sage n'ignorez
De combien sert le conseil et la plume.

Ce fut pourquoi ce sage et vaillant prince,
Vous honorant du nom d'ambassadeur,
Sur votre dos déchargea sa grandeur,
Pour la porter en étrange province :

Récompensant d'un état honorable
Votre service, et témoignant assez
Par le loyer de vos travaux passés
Combien lui est tel service agréable.

Qu'autant vous soit agréable mon livre,
Que de bon cœur je le vous offre ici :
Du médisant j'aurai peu de souci
Et serai sûr à tout jamais de vivre.

A SON LIVRE

Mon livre (et je ne suis sur ton aise envieux),
Tu t'en iras sans moi voir la Cour de mon Prince.
Hé, chétif que je suis, combien en gré je prinsse
Qu'un heur pareil au tien fût permis à mes yeux !

Là si quelqu'un vers toi se montre gracieux,
Souhaite-lui qu'il vive heureux en sa province :
Mais si quelque malin obliquement te pince,
Souhaite-lui tes pleurs et mon mal ennuyeux.

Souhaite-lui encor qu'il fasse un long voyage,
Et bien qu'il ait de vue éloigné son ménage,
Que son cœur, où qu'il voise, y soit toujours présent :

Souhaite qu'il vieillisse en longue servitude,
Qu'il n'éprouve à la fin que toute ingratitude,
Et qu'on mange son bien pendant qu'il est absent.

Je ne veux point fouiller au sein de la nature,
Je ne veux point chercher l'esprit de l'univers,
Je ne veux point sonder les abîmes couverts,
Ni dessiner du ciel la belle architecture.

Je ne peins mes tableaux de si riche peinture,
Et si hauts arguments ne recherche à mes vers :
Mais suivant de ce lieu les accidents divers,
Soit de bien, soit de mal, j'écris à l'aventure.

Je me plains à mes vers, si j'ai quelque regret :
Je me ris avec eux, je leur dis mon secret,
Comme étant de mon cœur les plus sûrs secrétaires.

Aussi ne veux-je tant les peigner et friser,
Et de plus braves noms ne les veux déguiser
Que de papiers journaux ou bien de commentaires.

Un plus savant que moi, Paschal, ira songer
Avecques l'Ascréan dessus la double cime :

Et pour être de ceux dont on fait plus d'estime,
Dedans l'onde au cheval tout nu s'ira plonger.

Quant à moi, je ne veux, pour un vers allonger,
M'accourcir le cerveau : ni pour polir ma rime,
Me consumer l'esprit d'une soigneuse lime,
Frapper dessus ma table ou mes ongles ronger.

Aussi veux-je, Paschal, que ce que je compose
Soit une prose en rime ou une rime en prose,
Et ne veux pour cela le laurier mériter.

Et peut-être que tel se pense bien habile,
Qui trouvant de mes vers la rime si facile,
En vain travaillera, me voulant imiter.

3

N'étant, comme je suis, encore exercité
Par tant et tant de maux au jeu de la fortune,
Je suivais d'Apollon la trace non commune,
D'une sainte fureur saintement agité.

Ores ne sentant plus cette divinité,
Mais piqué du souci qui fâcheux m'importune,
Une adresse j'ai pris beaucoup plus opportune
A qui se sent forcé de la nécessité.

Et c'est pourquoi, Seigneur, ayant perdu la trace
Que suit votre Ronsard par les champs de la Grâce,
Je m'adresse où je vois le chemin plus battu :

Ne me battant le cœur, la force, ni l'haleine,
De suivre, comme lui, par sueur et par peine,
Ce pénible sentier qui mène à la vertu.

4

Je ne veux feuilleter les exemplaires Grecs,
Je ne veux retracer les beaux traits d'un Horace,
Et moins veux-je imiter d'un Pétrarque la grâce,
Ou la voix d'un Ronsard, pour chanter mes Regrets.

Ceux qui sont de Phœbus vrais poètes sacrés
Animeront leurs vers d'une plus grande audace :
Moi, qui suis agité d'une fureur plus basse,
Je n'entre si avant en si profonds secrets.

Je me contenterai de simplement écrire
Ce que la passion seulement me fait dire,
Sans rechercher ailleurs plus graves arguments.

Aussi n'ai-je entrepris d'imiter en ce livre
Ceux qui par leurs écrits se vantent de revivre
Et se tirer tout vifs dehors des monuments.

5

Ceux qui sont amoureux, leurs amours chanteront,
Ceux qui aiment l'honneur, chanteront de la gloire,

Ceux qui sont près du roi, publieront sa victoire,
Ceux qui sont courtisans, leurs faveurs vanteront,

Ceux qui aiment les arts, les sciences diront,
Ceux qui sont vertueux, pour tels se feront croire,
Ceux qui aiment le vin, deviseront de boire,
Ceux qui sont de loisir, de fables écriront,

Ceux qui sont médisants, se plairont à médire,
Ceux qui sont moins fâcheux, diront des mots pour rire,
Ceux qui sont plus vaillants, vanteront leur valeur,

Ceux qui se plaisent trop, chanteront leur louange,
Ceux qui veulent flatter, feront d'un diable un ange :
Moi, qui suis malheureux, je plaindrai mon malheur.

6

Las, où est maintenant ce mépris de fortune ?
Où est ce cœur vainqueur de toute adversité,
Cet honnête désir de l'immortalité,
Et cette honnête flamme au peuple non commune ?

Où sont ces doux plaisirs, qu'au soir sous la nuit brune
Les Muses me donnaient, alors qu'en liberté
Dessus le vert tapis d'un rivage écarté
Je les menais danser aux rayons de la lune ?

Maintenant la fortune est maîtresse de moi,
Et mon cœur, qui soulait être maître de soi,
Est serf de mille maux et regrets qui m'ennuient,

De la postérité je n'ai plus de souci,
Cette divine ardeur, je ne l'ai plus aussi,
Et les Muses de moi, comme étranges, s'enfuient.

7 *

Cependant que la Cour mes ouvrages lisait,
Et que la sœur du roi, l'unique Marguerite,
Me faisant plus d'honneur que n'était mon mérite,
De son bel œil divin mes vers favorisait,

Une fureur d'esprit au ciel me conduisait
D'une aile qui la mort et les siècles évite,
Et le docte troupeau qui sur Parnasse habite,
De son feu plus divin mon ardeur attisait.

Ores je suis muet, comme on voit la Prophète,
Ne sentant plus le dieu qui la tenait sujette,
Perdre soudainement la fureur et la voix.

Et qui ne prend plaisir qu'un prince lui commande ?
L'honneur nourrit les arts, et la Muse demande
Le théâtre du peuple et la faveur des rois.

8 *

Ne t'ébahis, Ronsard, la moitié de mon âme,
Si de ton Du Bellay France ne lit plus rien,

Et si avec l'air du ciel italien
Il n'a humé l'ardeur qui l'Italie enflamme.

Le saint rayon qui part des beaux yeux de ta dame
Et la sainte faveur de ton prince et du mien,
Cela, Ronsard, cela, cela mérite bien
De t'échauffer le cœur d'une si vive flamme.

Mais moi, qui suis absent des rais de mon soleil,
Comment puis-je sentir échauffement pareil
A celui qui est près de sa flamme divine?

Les coteaux soleillés de pampre sont couverts,
Mais des Hyperborées les éternels hivers
Ne portent que le froid, la neige et la bruine.

9

France, mère des arts, des armes et des lois,
Tu m'as nourri longtemps du lait de ta mamelle :
Ores, comme un agneau qui sa nourrice appelle,
Je remplis de ton nom les antres et les bois.

Si tu m'as pour enfant avoué quelquefois,
Que ne me réponds-tu maintenant, ô cruelle?
France, France, réponds à ma triste querelle.
Mais nul, sinon Écho, ne répond à ma voix.

Entre les loups cruels j'erre parmi la plaine,
Je sens venir l'hiver, de qui la froide haleine
D'une tremblante horreur fait hérisser ma peau.

Las, tes autres agneaux n'ont faute de pâture,
Ils ne craignent le loup, le vent ni la froidure :
Si ne suis-je pourtant le pire du troupeau.

10 *

Ce n'est le fleuve tusque au superbe rivage,
Ce n'est l'air des Latins, ni le mont Palatin,
Qui ores, mon Ronsard, me fait parler latin,
Changeant à l'étranger mon naturel langage.

C'est l'ennui de me voir trois ans et davantage,
Ainsi qu'un Prométhée, cloué sur l'Aventin,
Où l'espoir misérable et mon cruel destin,
Non le joug amoureux, me détient en servage.

Eh quoi, Ronsard, eh quoi, si au bord étranger
Ovide osa sa langue en barbare changer
Afin d'être entendu, qui me pourra reprendre

D'un change plus heureux ? nul, puisque le français,
Quoiqu'au grec et romain égalé tu te sois,
Au rivage latin ne se peut faire entendre.

11

Bien qu'aux arts d'Apollon le vulgaire n'aspire,
Bien que de tels trésors l'avarice n'ait soin,

Bien que de tels harnais le soldat n'ait besoin,
Bien que l'ambition tels honneurs ne désire :

Bien que ce soit aux grands un argument de rire,
Bien que les plus rusés s'en tiennent le plus loin,
Et bien que Du Bellay soit suffisant témoin
Combien est peu prisé le métier de la lyre :

Bien qu'un art sans profit ne plaise au courtisan,
Bien qu'on ne paye en vers l'œuvre d'un artisan,
Bien que la Muse soit de pauvreté suivie,

Si ne veux-je pourtant délaisser de chanter,
Puisque le seul chant peut mes ennuis enchanter,
Et qu'aux Muses je dois bien six ans de ma vie.

12

Vu le soin ménager dont travaillé je suis,
Vu l'importun souci qui sans fin me tourmente,
Et vu tant de regrets desquels je me lamente,
Tu t'ébahis souvent comment chanter je puis.

Je ne chante, Magny, je pleure mes ennuis,
Ou, pour le dire mieux, en pleurant je les chante,
Si bien qu'en les chantant, souvent je les enchante :
Voilà pourquoi, Magny, je chante jours et nuits.

Ainsi chante l'ouvrier en faisant son ouvrage,
Ainsi le laboureur faisant son labourage,
Ainsi le pèlerin regrettant sa maison,

Ainsi l'aventurier en songeant à sa dame,
Ainsi le marinier en tirant à la rame,
Ainsi le prisonnier maudissant sa prison.

13 *

Maintenant je pardonne à la douce fureur
Qui m'a fait consumer le meilleur de mon âge,
Sans tirer autre fruit de mon ingrat ouvrage
Que le vain passe-temps d'une si longue erreur.

Maintenant je pardonne à ce plaisant labeur,
Puisque seul il endort le souci qui m'outrage,
Et puisque seul il fait qu'au milieu de l'orage,
Ainsi qu'auparavant, je ne tremble de peur.

Si les vers ont été l'abus de ma jeunesse,
Les vers seront aussi l'appui de ma vieillesse,
S'ils furent ma folie, ils seront ma raison,

S'ils furent ma blessure, ils seront mon Achille,
S'ils furent mon venin, le scorpion utile
Qui sera de mon mal la seule guérison.

14

Si l'importunité d'un créditeur me fâche,
Les vers m'ôtent l'ennui du fâcheux créditeur :

Et si je suis fâché d'un fâcheux serviteur,
Dessus les vers, Boucher, soudain je me défâche.

Si quelqu'un dessus moi sa colère délâche,
Sur les vers je vomis le venin de mon cœur :
Et si mon faible esprit est recru du labeur,
Les vers font que plus frais je retourne à ma tâche.

Les vers chassent de moi la molle oisiveté,
Les vers me font aimer la douce liberté,
Les vers chantent pour moi ce que dire je n'ose.

Si donc j'en recueillis tant de profits divers,
Demandes-tu, Boucher, de quoi servent les vers,
Et quel bien je reçois de ceux que je compose?

15

Panjas, veux-tu savoir quels sont mes passe-temps?
Je songe au lendemain, j'ai soin de la dépense
Qui se fait chacun jour, et si faut que je pense
A rendre sans argent cent créditeurs contents.

Je vais, je viens, je cours, je ne perds point le temps,
Je courtise un banquier, je prends argent d'avance :
Quand j'ai dépêché l'un, un autre recommence,
Et ne fais pas le quart de ce que je prétends.

Qui me présente un compte, une lettre, un mémoire,
Qui me dit que demain est jour de consistoire,
Qui me rompt le cerveau de cent propos divers,

Qui se plaint, qui se deult, qui murmure, qui crie :
Avecques tout cela, dis, Panjas, je te prie,
Ne t'ébahis-tu point comment je fais des vers ?

16 *

Cependant que Magny suit son grand Avanson,
Panjas son cardinal, et moi le mien encore,
Et que l'espoir flatteur, qui nos beaux ans dévore,
Appâte nos désirs d'un friand hameçon.

Tu courtises les rois, et d'un plus heureux son
Chantant l'heur de Henri, qui son siècle décore,
Tu t'honores toi-même, et celui qui honore
L'honneur que tu lui fais par ta docte chanson.

Las, et nous cependant nous consumons notre âge
Sur le bord inconnu d'un étrange rivage,
Où le malheur nous fait ces tristes vers chanter :

Comme on voit quelquefois, quand la mort les appelle,
Arrangés flanc à flanc parmi l'herbe nouvelle,
Bien loin sur un étang trois cygnes lamenter.

17

Après avoir longtemps erré sur le rivage
Où l'on voit lamenter tant de chétifs de cour,

Tu as atteint le bord où tout le monde court,
Fuyant de pauvreté le pénible servage.

Nous autres cependant, le long de cette plage,
En vain tendons les mains vers le nautonnier sourd,
Qui nous chasse bien loin : car, pour le faire court,
Nous n'avons un quatrain pour payer le naulage.

Ainsi donc tu jouis du repos bienheureux,
Et comme font là-bas ces doctes amoureux,
Bien avant dans un bois te perds avec ta dame :

Tu bois le long oubli de tes travaux passés,
Sans plus penser en ceux que tu as délaissés,
Criant dessus le port ou tirant à la rame.

18

Si tu ne sais, Morel, ce que je fais ici,
Je ne fais pas l'amour ni autre tel ouvrage :
Je courtise mon maître, et si fais davantage,
Ayant de sa maison le principal souci.

Mon Dieu (ce diras-tu), quel miracle est-ce ci,
Que de voir Du Bellay se mêler du ménage
Et composer des vers en un autre langage?
Les loups et les agneaux s'accordent tout ainsi.

Voilà que c'est, Morel : la douce poésie
M'accompagne partout, sans qu'autre fantaisie
En si plaisant labeur me puisse rendre oisif.

Mais tu me répondras : Donne, si tu es sage,
De bonne heure congé au cheval qui est d'âge,
De peur qu'il ne s'empire et devienne poussif.

19 *

Cependant que tu dis ta Cassandre divine,
Les louanges du roi, et l'héritier d'Hector,
Et ce Montmorency, notre français Nestor,
Et que de sa faveur Henri t'estime digne :

Je me promène seul sur la rive latine,
La France regrettant, et regrettant encor
Mes antiques amis, mon plus riche trésor,
Et le plaisant séjour de ma terre angevine.

Je regrette les bois, et les champs blondissants,
Les vignes, les jardins, et les prés verdissants
Que mon fleuve traverse : ici pour récompense

Ne voyant que l'orgueil de ces monceaux pierreux,
Où me tient attaché d'un espoir malheureux
Ce que possède moins celui qui plus y pense.

20

Heureux, de qui la mort de sa gloire est suivie,
Et plus heureux celui dont l'immortalité

Ne prend commencement de la postérité,
Mais devant que la mort ait son âme ravie.

Tu jouis, mon Ronsard, même durant ta vie,
De l'immortel honneur que tu as mérité :
Et devant que mourir (rare félicité)
Ton heureuse vertu triomphe de l'envie.

Courage donc, Ronsard, la victoire est à toi,
Puisque de ton côté est la faveur du roi :
Jà du laurier vainqueur tes tempes se couronnent,

Et jà la tourbe épaisse à l'entour de ton flanc
Ressemble ces esprits, qui là-bas environnent
Le grand prêtre de Thrace au long sourpelis blanc.

21 *

Comte, qui ne fis onc compte de la grandeur,
Ton Du Bellay n'est plus : ce n'est plus qu'une souche,
Qui dessus un ruisseau d'un dos courbé se couche,
Et n'a plus rien de vif, qu'un petit de verdeur.

Si j'écris quelquefois, je n'écris point d'ardeur,
J'écris naïvement tout ce qu'au cœur me touche,
Soit de bien, soit de mal, comme il vient à la bouche,
En un style aussi lent que lente est ma froideur.

Vous autres cependant, peintres de la nature,
Dont l'art n'est pas enclos dans une portraiture,
Contrefaites des vieux les ouvrages plus beaux.

Quant à moi, je n'aspire à si haute louange,
Et ne sont mes portraits auprès de vos tableaux
Non plus qu'est un Janet auprès d'un Michel-Ange.

22

Ores, plus que jamais, me plaît d'aimer la Muse
Soit qu'en français j'écrive ou langage romain,
Puisque le jugement d'un prince tant humain
De si grande faveur envers les lettres usé.

Donc le sacré métier où ton esprit s'amuse
Ne sera désormais un exercice vain,
Et le tardif labeur que nous promet ta main
Désormais pour Francus n'aura plus nulle excuse.

Cependant, mon Ronsard, pour tromper mes ennuis,
Et non pour m'enrichir, je suivrai, si je puis,
Les plus humbles chansons de ta Muse lassée.

Ainsi chacun n'a pas mérité que d'un roi
La libéralité lui fasse, comme à toi,
Ou son archet doré, ou sa lyre crossée.

23 *

Ne lira-t-on jamais que ce dieu rigoureux ?
Jamais ne lira-t-on que cette Idalienne ?

Ne verra-t-on jamais Mars sans la Cyprienne ?
Jamais ne verra-t-on que Ronsard amoureux ?

Retistra-t-on toujours, d'un tour laborieux,
Cette toile, argument d'une si longue peine ?
Reverra-t-on toujours Oreste sur la scène ?
Sera toujours Roland par amour furieux ?

Ton Francus, cependant, a beau hausser les voiles,
Dresser le gouvernail, épier les étoiles,
Pour aller où il dût être ancré désormais :

Il a le vent à gré, il est en équipage,
Il est encor pourtant sur le troyen rivage,
Aussi crois-je, Ronsard, qu'il n'en partit jamais.

24

Qu'heureux tu es, Baïf, heureux, et plus qu'heureux,
De ne suivre abusé cette aveugle déesse,
Qui d'un tour inconstant et nous hausse et nous baisse,
Mais cet aveugle enfant qui nous fait amoureux !

Tu n'éprouves, Baïf, d'un maître rigoureux
Le sévère sourcil : mais la douce rudesse
D'une belle, courtoise et gentille maîtresse,
Qui fait languir ton cœur doucement langoureux.

Moi chétif, cependant, loin des yeux de mon prince,
Je vieillis malheureux en étrange province,
Fuyant la pauvreté : mais las ne fuyant pas

Les regrets, les ennuis, le travail et la peine,
Le tardif repentir d'une espérance vaine,
Et l'importun souci, qui me suit pas à pas.

25

Malheureux l'an, le mois, le jour, l'heure et le point,
Et malheureuse soit la flatteuse espérance,
Quand pour venir ici j'abandonnai la France :
La France, et mon Anjou, dont le désir me point.

Vraiment d'un bon oiseau guidé je ne fus point,
Et mon cœur me donnait assez signifiance
Que le ciel était plein de mauvaise influence,
Et que Mars était lors à Saturne conjoint.

Cent fois le bon avis lors m'en voulut distraire,
Mais toujours le destin me tirait au contraire :
Et si mon désir n'eût aveuglé ma raison,

N'était-ce pas assez pour rompre mon voyage,
Quand sur le seuil de l'huis, d'un sinistre présage,
Je me blessai le pied sortant de ma maison ?

26 *

Si celui qui s'apprête à faire un long voyage
Doit croire celui-là qui a jà voyagé,

Et qui des flots marins longuement outragé,
Tout moite et dégouttant s'est sauvé du naufrage,

Tu me croiras, Ronsard, bien que tu sois plus sage,
Et quelque peu encor (ce crois-je) plus âgé,
Puisque j'ai devant toi en cette mer nagé,
Et que déjà ma nef découvre le rivage.

Donques je t'avertis que cette mer romaine,
De dangereux écueils et de bancs toute pleine,
Cache mille périls, et qu'ici bien souvent,

Trompé du chant pipeur des monstres de Sicile,
Pour Charybde éviter tu tomberas en Scylle,
Si tu ne sais nager d'une voile à tout vent.

27 *

Ce n'est l'ambition, ni le soin d'acquérir,
Qui m'a fait délaisser ma rive paternelle,
Pour voir ces monts couverts d'une neige éternelle,
Et par mille dangers ma fortune quérir.

Le vrai honneur, qui n'est coutumier de périr,
Et la vraye vertu, qui seule est immortelle,
Ont comblé mes désirs d'une abondance telle,
Qu'un plus grand bien aux dieux je ne veux requérir.

L'honnête servitude où mon devoir me lie
M'a fait passer les monts de France en Italie,
Et demeurer trois ans sur ce bord étranger,

Où je vis languissant : ce seul devoir encore
Me peut faire changer France à l'Inde et au More,
Et le ciel à l'enfer me peut faire changer.

28

Quand je te dis adieu, pour m'en venir ici,
Tu me dis, mon La Haye, il m'en souvient encore :
Souvienne-toi, Bellay, de ce que tu es ore,
Et comme tu t'en vas, retourne-t'en ainsi.

Et tel comme je vins, je m'en retourne aussi :
Hormis un repentir qui le cœur me dévore,
Qui me ride le front, qui mon chef décolore,
Et qui me fait plus bas enfoncer le sourcil.

Ce triste repentir, qui me ronge et me lime,
Ne vient (car j'en suis net) pour sentir quelque crime,
Mais pour m'être trois ans à ce bord arrêté :

Et pour m'être abusé d'une ingrate espérance,
Qui pour venir ici trouver la pauvreté,
M'a fait (sot que je suis) abandonner la France.

29

Je hais plus que la mort un jeune casanier,
Qui ne sort jamais hors, sinon aux jours de fête,

Et craignant plus le jour qu'une sauvage bête,
Se fait en sa maison lui-même prisonnier.

Mais je ne puis aimer un vieillard voyager,
Qui court deçà delà, et jamais ne s'arrête,
Ains des pieds moins léger que léger de la tête,
Ne séjourne jamais non plus qu'un messager.

L'un sans se travailler en sûreté demeure,
L'autre, qui n'a repos jusques à tant qu'il meure,
Traverse nuit et jour mille lieux dangereux :

L'un passe riche et sot heureusement sa vie,
L'autre, plus souffreteux qu'un pauvre qui mendie,
S'acquiert en voyageant un savoir malheureux.

30 *

Quiconque, mon Bailleul, fait longuement séjour
Sous un ciel inconnu, et quiconques endure
D'aller de port en port cherchant son aventure,
Et peut vivre étranger dessous un autre jour :

Qui peut mettre en oubli de ses parents l'amour,
L'amour de sa maîtresse, et l'amour que nature
Nous fait porter au lieu de notre nourriture,
Et voyage toujours sans penser au retour :

Il est fils d'un rocher ou d'une ourse cruelle,
Et digne qui jadis ait sucé la mamelle
D'une tigre inhumaine : encor ne voit-on point

Que les fiers animaux en leurs forts ne retournent,
Et ceux qui parmi nous domestiques séjournent,
Toujours de la maison le doux désir les point.

31 *

Heureux qui, comme Ulysse, a fait un beau voyage,
Ou comme celui-là qui conquit la toison,
Et puis est retourné, plein d'usage et raison,
Vivre entre ses parents le reste de son âge !

Quand reverrai-je, hélas, de mon petit village
Fumer la cheminée, et en quelle saison
Reverrai-je le clos de ma pauvre maison,
Qui m'est une province, et beaucoup davantage ?

Plus me plaît le séjour qu'ont bâti mes aïeux
Que des palais romains le front audacieux,
Plus que le marbre dur me plaît l'ardoise fine,

Plus mon Loire gaulois que le Tibre latin,
Plus mon petit Liré que le mont Palatin,
Et plus que l'air marin la douceur angevine.

32

Je me ferai savant en la philosophie,
En la mathématique et médecine aussi :

Je me ferai légiste, et d'un plus haut souci
Apprendrai les secrets de la théologie :

Du luth et du pinceau j'ébatterai ma vie,
De l'escrime et du bal. Je discourais ainsi,
Et me vantais en moi d'apprendre tout ceci,
Quand je changeai la France au séjour d'Italie.

O beaux discours humains ! Je suis venu si loin,
Pour m'enrichir d'ennui, de vieillesse et de soin,
Et perdre en voyageant le meilleur de mon âge.

Ainsi le marinier souvent pour tout trésor
Rapporte des harengs en lieu de lingots d'or,
Ayant fait, comme moi, un malheureux voyage.

33 *

Que ferai-je, Morel ? Dis-moi, si tu l'entends,
Ferai-je encore ici plus longue demeurance,
Ou si j'irai revoir les campagnes de France,
Quand les neiges fondront au soleil du printemps ?

Si je demeure ici, hélas, je perds mon temps
A me repaître en vain d'une longue espérance :
Et si je veux ailleurs fonder mon assurance,
Je fraude mon labeur du loyer que j'attends.

Mais faut-il vivre ainsi d'une espérance vaine ?
Mais faut-il perdre ainsi bien trois ans de ma peine ?
Je ne bougerai donc. Non, non, je m'en irai.

Je demourrai pourtant, si tu le me conseilles.
Hélas, mon cher Morel, dis-moi que je ferai,
Car je tiens, comme on dit, le loup par les oreilles.

34

Comme le marinier, que le cruel orage
A longtemps agité dessus la haute mer,
Ayant finalement à force de ramer
Garanti son vaisseau du danger du naufrage,

Regarde sur le port, sans plus craindre la rage
Des vagues ni des vents, les ondes écumer :
Et quelqu'autre bien loin, au danger d'abîmer,
En vain tendre les mains vers le front du rivage ·

Ainsi, mon cher Morel, sur le port arrêté,
Tu regardes la mer, et vois en sûreté
De mille tourbillons son onde renversée :

Tu la vois jusqu'au ciel s'élever bien souvent,
Et vois ton Du Bellay à la merci du vent
Assis au gouvernail dans une nef percée.

35

La nef qui longuement a voyagé, Dillier,
Dedans le sein du port à la fin on la serre :

Et le bœuf, qui longtemps a renversé la terre,
Le bouvier à la fin lui ôte le collier :

Le vieux cheval se voit à la fin délier,
Pour ne perdre l'haleine ou quelque honte acquerre :
Et pour se reposer du travail de la guerre,
Se retire à la fin le vieillard chevalier :

Mais moi, qui jusqu'ici n'ai prouvé que la peine,
La peine et le malheur d'une espérance vaine,
La douleur, le souci, les regrets, les ennuis,

Je vieillis peu à peu sur l'onde ausonienne,
Et si n'espère point, quelque bien qui m'advienne,
De sortir jamais hors des travaux où je suis.

36 *

Depuis que j'ai laissé mon naturel séjour
Pour venir où le Tibre aux flots tortus ondoie,
Le ciel a vu trois fois par son oblique voie
Recommencer son cours la grand lampe du jour.

Mais j'ai si grand désir de me voir de retour
Que ces trois ans me sont plus qu'un siège de Troie,
Tant me tarde, Morel, que Paris je revoie,
Et tant le ciel pour moi fait lentement son tour.

Il fait son tour si lent, et me semble si morne,
Si morne et si pesant, que le froid Capricorne
Ne m'accourcit les jours, ni le Cancre les nuits.

Voilà, mon cher Morel, combien le temps me dure
Loin de France et de toi, et comment la nature
Fait toute chose longue avecques mes ennuis.

37

C'était ores, c'était qu'à moi je devais vivre,
Sans vouloir être plus que cela que je suis,
Et qu'heureux je devais de ce peu que je puis
Vivre content du bien de la plume et du livre.

Mais il n'a plu aux dieux me permettre de suivre
Ma jeune liberté, ni faire que depuis
Je vécusse aussi franc de travaux et d'ennuis,
Comme d'ambition j'étais franc et délivre.

Il ne leur a pas plu qu'en ma vieille saison
Je susse quel bien c'est de vivre en sa maison,
De vivre entre les siens sans crainte et sans envie :

Il leur a plu (hélas) qu'à ce bord étranger
Je visse ma franchise en prison se changer,
Et la fleur de mes ans en l'hiver de ma vie.

38

O qu'heureux est celui qui peut passer son âge
Entre pareils à soi! et qui sans fiction,

Sans crainte, sans envie et sans ambition,
Règne paisiblement en son pauvre ménage!

Le misérable soin d'acquérir davantage
Ne tyrannise point sa libre affection,
Et son plus grand désir, désir sans passion,
Ne s'étend plus avant que son propre héritage.

Il ne s'empêche point des affaires d'autrui,
Son principal espoir ne dépend que de lui,
Il est sa cour, son roi, sa faveur et son maître.

Il ne mange son bien en pays étranger,
Il ne met pour autrui sa personne en danger,
Et plus riche qu'il est ne voudrait jamais être.

39

J'aime la liberté, et languis en service,
Je n'aime point la cour, et me faut courtiser,
Je n'aime la feintise, et me faut déguiser,
J'aime simplicité, et n'apprends que malice :

Je n'adore les biens, et sers à l'avarice,
Je n'aime les honneurs, et me les faut priser,
Je veux garder ma foi, et me la faut briser,
Je cherche la vertu, et ne trouve que vice :

Je cherche le repos, et trouver ne le puis,
J'embrasse le plaisir, et n'éprouve qu'ennuis,
Je n'aime à discourir, en raison je me fonde :

J'ai le corps maladif, et me faut voyager,
Je suis né pour la Muse, on me fait ménager :
Ne suis-je pas, Morel, le plus chétif du monde ?

40 *

Un peu de mer tenait le grand Dulichien
D'Itaque séparé, l'Apennin porte-nue
Et les monts de Savoie à la tête chenue
Me tiennent loin de France au bord ausonien.

Fertile est mon séjour, stérile était le sien,
Je ne suis des plus fins, sa finesse est connue :
Les siens gardant son bien attendaient sa venue,
Mais nul en m'attendant ne me garde le mien.

Pallas sa guide était, je vais à l'aventure,
Il fut dur au travail, moi tendre de nature :
A la fin il ancra son navire à son port,

Je ne suis assuré de retourner en France :
Il fit de ses haineux une belle vengeance,
Pour me venger des miens je ne suis assez fort.

41 *

N'étant de mes ennuis la fortune assouvie,
Afin que je devinsse à moi-même odieux,

M'ôta de mes amis celui que j'aimais mieux,
Et sans qui je n'avais de vivre nulle envie.

Donc l'éternelle nuit a ta clarté ravie,
Et je ne t'ai suivi parmi ces obscurs lieux!
Toi, qui m'as plus aimé que ta vie et tes yeux,
Toi, que j'ai plus aimé que mes yeux et ma vie.

Hélas, cher compagnon, que ne puis-je être encor
Le frère de Pollux, toi celui de Castor,
Puisque notre amitié fut plus que fraternelle?

Reçois donques ces pleurs, pour gage de ma foi,
Et ces vers qui rendront, si je ne me deçoi,
De si rare amitié la mémoire éternelle.

42 *

C'est orcs, mon Vineus, mon cher Vineus, c'est ore,
Que de tous les chétifs le plus chétif je suis,
Et que ce que j'étais, plus être je ne puis,
Ayant perdu mon temps, et ma jeunesse encore.

La pauvreté me suit, le souci me dévore,
Tristes me sont les jours, et plus tristes les nuits.
O que je suis comblé de regrets et d'ennuis!
Plût à Dieu que je fusse un Pasquin ou Marphore,

Je n'aurais sentiment du malheur qui me point :
Ma plume serait libre et si ne craindrais point
Qu'un plus grand contre moi pût exercer son ire.

Assure-toi, Vineus, que celui seul est roi
A qui même les rois ne peuvent donner loi,
Et qui peut d'un chacun à son plaisir écrire.

43 *

Je ne commis jamais fraude ni maléfice,
Je ne doutai jamais des points de notre foi,
Je n'ai point violé l'ordonnance du roi,
Et n'ai point éprouvé la rigueur de justice :

J'ai fait à mon seigneur fidèlement service,
Je fais pour mes amis ce que je puis et doy,
Et crois que jusqu'ici nul ne se plaint de moi,
Que vers lui j'aye fait quelque mauvais office.

Voilà ce que je suis. Et toutefois, Vineus,
Comme un qui est aux dieux et aux hommes haineux
Le malheur me poursuit et toujours m'importune :

Mais j'ai ce beau confort en mon adversité,
C'est qu'on dit que je n'ai ce malheur mérité,
Et que digne je suis de meilleure fortune.

44

Si pour avoir passé sans crime sa jeunesse,
Si pour n'avoir d'usure enrichi sa maison,

Si pour n'avoir commis homicide ou traïson,
Si pour n'avoir usé de mauvaise finesse,

Si pour n'avoir jamais violé sa promesse,
On se doit réjouir en l'arrière-saison,
Je dois à l'avenir, si j'ai quelque raison,
D'un grand contentement consoler ma vieillesse.

Je me console donc en mon adversité,
Ne requérant aux dieux plus grand félicité
Que de pouvoir durer en cette patience.

O dieux, si vous avez quelque souci de nous,
Octroyez-moi ce don, que j'espère de vous,
Et pour votre pitié et pour mon innocence.

45 *

O marâtre nature (et marâtre es-tu bien,
De ne m'avoir plus sage ou plus heureux fait naître),
Pourquoi ne m'as-tu fait de moi-même le maître,
Pour suivre ma raison et vivre du tout mien?

Je vois les deux chemins, et ce mal, et de bien :
Je sais que la vertu m'appelle à la main dextre,
Et toutefois il faut que je tourne à senestre,
Pour suivre un traître espoir, qui m'a fait du tout sien.

Et quel profit en ai-je? O belle récompense!
Je me suis consumé d'une vaine dépense,
Et n'ai fait autre acquêt que de mal et d'ennui.

L'étranger recueillit le fruit de mon service,
Je travaille mon corps d'un indigne exercice,
Et porte sur mon front la vergogne d'autrui.

46

Si par peine et sueur et par fidélité,
Par humble servitude et longue patience,
Employer corps et biens, esprit et conscience,
Et du tout mépriser sa propre utilité,

Si pour n'avoir jamais par importunité
Demandé bénéfice ou autre récompense,
On se doit enrichir, j'aurai (comme je pense)
Quelque bien à la fin, car je l'ai mérité.

Mais si par larcin avancé l'on doit être,
Par mentir, par flatter, par abuser son maître,
Et pis que tout cela faire encor bien souvent :

Je connais que je sème au rivage infertile,
Que je veux cribler l'eau, et que je bats le vent,
Et que je suis, Vineus, serviteur inutile.

47

Si onques de pitié ton âme fut atteinte,
Voyant indignement ton ami tourmenté,

Et si onques tes yeux ont expérimenté
Les poignants aiguillons d'une douleur non feinte,

Vois la mienne en ces vers sans artifice peinte,
Comme sans artifice est ma simplicité :
Et si pour moi tu n'es à pleurer incité,
Ne te ris pour le moins des soupirs de ma plainte.

Ainsi, mon cher Vineus, jamais ne puisses-tu
Éprouver les regrets qu'éprouve une vertu
Qui se voit défrauder du loyer de sa peine :

Ainsi l'œil de ton roi favorable te soit,
Et ce qui des plus fins l'espérance déçoit,
N'abuse ta bonté d'une promesse vaine.

48

O combien est heureux qui n'est contraint de feindre,
Ce que la vérité le contraint de penser,
Et à qui le respect d'un qu'on n'ose offenser
Ne peut la liberté de sa plume contraindre!

Las, pourquoi de ce nœud sens-je la mienne éteindre,
Quand mes justes regrets je cuide commencer?
Et pourquoi ne se peut mon âme dispenser
De ne sentir son mal ou de s'en pouvoir plaindre?

On me donne la gêne, et si n'ose crier,
On me voit tourmenter, et si n'ose prier
Qu'on ait pitié de moi. O peine trop sujette!

Il n'est feu si ardent qu'un feu qui est enclos,
Il n'est si fâcheux mal qu'un mal qui tient à l'os,
Et n'est si grand douleur qu'une douleur muette.

49

Si après quarante ans de fidèle service
Que celui que je sers a fait en divers lieux,
Employant, libéral, tout son plus et son mieux
Aux affaires qui sont de plus digne exercice,

D'un haineux étranger l'envieuse malice
Exerce contre lui son courage odieux,
Et sans avoir souci des hommes ni des dieux,
Oppose à la vertu l'ignorance et le vice,

Me dois-je tourmenter, moi, qui suis moins que rien,
Si par quelqu'un (peut-être) envieux de mon bien
Je ne trouve à mon gré la faveur opportune?

Je me console donc, et en pareille mer,
Voyant mon cher seigneur au danger d'abîmer,
Il me plaît de courir une même fortune.

50 *

Sortons, Dilliers, sortons, faisons place à l'envie,
Et fuyons désormais ce tumulte civil,

Puisqu'on y voit priser le plus lâche et plus vil,
Et la meilleure part être la moins suivie.

Allons où la vertu et le sort nous convie,
Dussions-nous voir le Scythe ou la source du Nil,
Et nous donnons plutôt un éternel exil,
Que tacher d'un seul point l'honneur de notre vie.

Sus donques, et devant que le cruel vainqueur
De nous fasse une fable au vulgaire moqueur,
Bannissons la vertu d'un exil volontaire.

Et quoi? ne sais-tu pas que le banni romain,
Bien qu'il fût déchassé de son peuple inhumain,
Fut pourtant adoré du barbare corsaire?

51

Mauny, prenons en gré la mauvaise fortune,
Puisque nul ne se peut de la bonne assurer,
Et que de la mauvaise on peut bien espérer,
Étant son naturel de n'être jamais une.

Le sage nocher craint la faveur de Neptune,
Sachant que le beau temps longtemps ne peut durer :
Et ne vaut-il pas mieux quelque orage endurer,
Que d'avoir toujours peur de la mer importune?

Par la bonne fortune on se trouve abusé,
Par la fortune adverse on devient plus rusé :
L'une éteint la vertu, l'autre la fait paraître :

L'une trompe nos yeux d'un visage menteur,
L'autre nous fait l'ami connaître du flatteur,
Et si nous fait encore à nous-mêmes connaître.

52 *

Si les larmes servaient de remède au malheur,
Et le pleurer pouvait la tristesse arrêter,
On devrait, Seigneur mien, les larmes acheter,
Et ne se trouverait rien si cher que le pleur.

Mais les pleurs en effet sont de nulle valeur :
Car soit qu'on ne se veuille en pleurant tourmenter,
Ou soit que nuit et jour on veuille lamenter,
On ne peut divertir le cours de la douleur.

Le cœur fait au cerveau cette humeur exhaler,
Et le cerveau la fait par les yeux dévaler,
Mais le mal par les yeux ne s'alambique pas.

De quoi donques nous sert ce fâcheux larmoyer ?
De jeter, comme on dit, l'huile sur le foyer,
Et perdre sans profit le repos et repas.

53

Vivons, Gordes, vivons, vivons, et pour le bruit
Des vieillards ne laissons à faire bonne chère :

Vivons, puisque la vie est si courte et si chère,
Et que même les rois n'en ont que l'usufruit.

Le jour s'éteint au soir, et au matin reluit,
Et les saisons refont leur course coutumière :
Mais quand l'homme a perdu cette douce lumière,
La mort lui fait dormir une éternelle nuit.

Donc imiterons-nous le vivre d'une bête?
Non, mais devers le ciel levant toujours la tête,
Goûterons quelquefois la douceur du plaisir.

Celui vraiment est fol, qui changeant l'assurance
Du bien qui est présent en douteuse espérance,
Veut toujours contredire à son propre désir.

54 *

Maraud, qui n'es maraud que de nom seulement,
Qui dit que tu es sage, il dit la vérité :
Mais qui dit que le soin d'éviter pauvreté
Te ronge le cerveau, ta face le dément.

Celui vraiment est riche et vit heureusement
Qui, s'éloignant de l'une et l'autre extrémité,
Prescrit à ses désirs un terme limité :
Car la vraye richesse est le contentement.

Sus donc, mon cher Maraud, pendant que notre maître,
Que pour le bien public la nature a fait naître,
Se tourmente l'esprit des affaires d'autrui,

Va devant à la vigne apprêter la salade :
Que sait-on qui demain sera mort ou malade ?
Celui vit seulement, lequel vit aujourd'hui.

55

Montigné (car tu es aux procès usité)
Si quelqu'un de ces dieux, qui ont plus de puissance,
Nous promit de tous biens paisible jouissance,
Nous obligeant par Styx toute sa déité,

Il s'est mal envers nous de promesse acquitté,
Et devant Jupiter en devons faire instance :
Mais si l'on ne peut faire aux Parques résistance,
Qui jugent par arrêt de la fatalité,

Nous n'en appellerons, attendu que ne sommes
Plus privilégiés que sont les autres hommes
Condamnés, comme nous, en pareille action :

Mais si l'ennui voulait sur notre fantaisie,
Par vertu du malheur, faire quelque saisie,
Nous nous opposerons à l'exécution.

56

Baïf, qui, comme moi, prouves l'adversité,
Il n'est pas toujours bon de combattre l'orage,

Il faut caler la voile, et de peur du naufrage
Céder à la fureur de Neptune irrité.

Mais il ne faut aussi par crainte et vilité
S'abandonner en proie : il faut prendre courage,
Il faut feindre souvent l'espoir par le visage,
Et faut faire vertu de la nécessité.

Donques sans nous ronger le cœur d'un trop grand soin,
Mais de notre vertu nous aidant au besoin,
Combattons le malheur. Quant à moi, je proteste

Que je veux désormais fortune dépiter,
Et que si elle entreprend le me faire quitter,
Je le tiendrai, Baïf, et fût-ce de ma reste.

57 *

Cependant que tu suis le lièvre par la plaine,
Le sanglier par les bois et le milan par l'air,
Et que voyant le sacre ou l'épervier voler,
Tu t'exerces le corps d'une plaisante peine,

Nous autres malheureux suivons la cour romaine,
Ou, comme de ton temps, nous n'oyons plus parler
De rire, de sauter, de danser et baller,
Mais de sang, et de feu, et de guerre inhumaine.

Pendant, tout le plaisir de ton Gorde et de moi,
C'est de te regretter et de parler de toi,
De lire quelque auteur ou quelque vers écrire.

Au reste, mon Dagaut, nous n'éprouvons ici
Que peine, que travail, que regret et souci,
Et rien, que Le Breton, ne nous peut faire rire.

58

Le Breton est savant et sait fort bien écrire
En français et toscan, en grec et en romain,
Il est en son parler plaisant et fort humain,
Il est bon compagnon et dit le mot pour rire.

Il a bon jugement et sait fort bien élire
Le blanc d'avec le noir : il est bon écrivain,
Et pour bien compasser une lettre à la main,
Il y est excellent autant qu'on saurait dire.

Mais il est paresseux et craint tant son métier
Que s'il devait jeûner, ce crois-je, un mois entier,
Il ne travaillerait seulement un quart d'heure.

Bref il est si poltron, pour bien le deviser,
Que depuis quatre mois qu'en ma chambre il demeure,
Son ombre seulement me fait poltronniser.

59 *

Tu ne me vois jamais, Pierre, que tu ne die
Que j'étudie trop, que je fasse l'amour,

Et que d'avoir toujours ces livres à l'entour
Rend les yeux éblouis et la tête alourdie.

Mais tu ne l'entends pas : car cette maladie
Ne me vient du trop lire ou du trop long séjour,
Ains de voir le bureau, qui se tient chacun jour :
C'est, Pierre mon ami, le livre où j'étudie.

Ne m'en parle donc plus, autant que tu as cher
De me donner plaisir et de ne me fâcher :
Mais bien en cependant que d'une main habile

Tu me laves la barbe et me tonds les cheveux,
Pour me désennuyer, conte-moi, si tu veux,
Des nouvelles du pape et du bruit de la ville.

60 *

Seigneur, ne pensez pas d'ouïr chanter ici
Les louanges du roi, ni la gloire de Guise,
Ni celle que se sont les Châtillons acquise,
Ni ce temple sacré au grand Montmorency.

N'y pensez voir encor le sévère sourcil
De Madame Sagesse, ou la brave entreprise
Qui au ciel, aux démons, aux étoiles s'est prise,
La fortune, la mort, et la justice aussi,

De l'or encore moins, de lui je ne suis digne :
Mais bien d'un petit chat j'ai fait un petit hymne,
Lequel je vous envoie : autre présent je n'ai.

Prenez-le donc, Seigneur, et m'excusez, de grâce,
Si pour le bal ayant la musique trop basse,
Je sonne un passepied ou quelque branle gai.

61

Qui est ami du cœur est ami de la bourse,
Ce dira quelque honnête et hardi demandeur,
Qui de l'argent d'autrui libéral dépendeur
Lui-même à l'hôpital s'en va toute la course.

Mais songe là-dessus qu'il n'est si vive source
Qu'on ne puisse épuiser, ni si riche prêteur
Qui ne puisse à la fin devenir emprunteur,
Ayant affaire à gens qui n'ont point de ressource.

Gordes, si tu veux vivre heureusement romain,
Sois large de faveur, mais garde que ta main
Ne soit à tous venants trop largement ouverte.

Par l'un on peut gagner même son ennemi,
Par l'autre bien souvent on perd un bon ami,
Et quand on perd l'argent, c'est une double perte.

62

Ce rusé Calabrais tout vice, quel qu'il soit,
Chatouille à son ami, sans épargner personne,

Et faisant rire ceux que même il époinçonne,
Se joue autour du cœur de cil qui le reçoit.

Si donc quelque subtil en mes vers aperçoit
Que je morde en riant, pourtant nul ne me donne
Le nom de feint ami vers ceux que j'aiguillonne :
Car qui m'estime tel, lourdement se déçoit.

La satire, Dilliers, est un public exemple,
Où, comme en un miroir, l'homme sage contemple
Tout ce qui est en lui ou de laid ou de beau.

Nul ne me lise donc, ou qui me voudra lire
Ne se fâche s'il voit, par manière de rire,
Quelque chose du sien portrait en ce tableau.

63 *

Quel est celui qui veut faire croire de soi
Qu'il est fidèle ami, mais quand le temps se change,
Du côté des plus forts soudainement se range,
Et du côté de ceux qui ont le mieux de quoi ?

Quel est celui qui dit qu'il gouverne le roi ?
J'entends quand il se voit en un pays étrange,
Et bien loin de la cour : quel homme est-ce, Lestrange ?
Lestrange, entre nous deux, je te pry, dis-le-moi.

Dis-moi, quel est celui qui si bien se déguise
Qu'il semble homme de guerre entre les gens d'église,
Et entre gens de guerre aux prêtres est pareil ?

Je ne sais pas son nom : mais quiconque il puisse être
Il n'est fidèle ami, ni mignon de son maître,
Ni vaillant chevalier, ni homme de conseil.

64

Nature est aux bâtards volontiers favorable,
Et souvent les bâtards sont les plus généreux,
Pour être au jeu d'amour l'homme plus vigoureux,
D'autant que le plaisir lui est plus agréable.

Le dompteur de Méduse, Hercule l'indomptable,
Le vainqueur indien et les Jumeaux heureux,
Et tous ces dieux bâtards jadis si valeureux,
Ce problème, Bizet, font plus que véritable.

Et combien voyons-nous aujourd'hui de bâtards,
Soit en l'art d'Apollon, soit en celui de Mars,
Exceller ceux qui sont de race légitime?

Bref, toujours ces bâtards sont de gentil esprit :
Mais ce bâtard, Bizet, que l'on nous a décrit,
Est cause que je fais des autres moins d'estime.

65 *

Tu ne crains la fureur de ma plume animée,
Pensant que je n'ai rien à dire contre toi,

Sinon ce que ta rage a vomi contre moi,
Grinçant comme un mâtin la dent envenimée.

Tu crois que je n'en sais que par la renommée,
Et que quand j'aurai dit que tu n'as point de foi,
Que tu es affronteur, que tu es traître au roi,
Que j'aurai contre toi ma force consommée,

Tu penses que je n'ai rien de quoi me venger,
Sinon que tu n'es fait que pour boire et manger :
Mais j'ai bien quelque chose encore plus mordante.

Et quoi ? l'amour d'Orphée ? et que tu ne sus onc
Que c'est de croire en Dieu ? non. Quel vice est-ce donc ?
C'est, pour le faire court, que tu es un pédante.

66 *

Ne t'émerveille point que chacun il méprise,
Qu'il dédaigne un chacun, qu'il n'estime que soi,
Qu'aux ouvrages d'autrui il veuille donner loi,
Et comme un Aristarq' lui-même s'autorise.

Paschal, c'est un pédant' : et quoiqu'il se déguise,
Sera toujours pédant'. Un pédant' et un roi
Ne te semblent-ils pas avoir je ne sais quoi
De semblable, et que l'un à l'autre symbolise ?

Les sujets du pédant', ce sont ses écoliers,
Ses classes ses états, ses régents officiers,
Son collège, Paschal, est comme sa province.

Et c'est pourquoi jadis le Syracusien,
Ayant perdu le nom de roi sicilien,
Voulut être pédant', ne pouvant être prince.

67

Magny, je ne puis voir un prodigue d'honneur,
Qui trouve tout bien fait, qui de tout s'émerveille,
Qui mes fautes approuve et me flatte l'oreille,
Comme si j'étais prince ou quelque grand seigneur.

Mais je me fâche aussi d'un fâcheux repreneur,
Qui du bon et mauvais fait censure pareille,
Qui se lit volontiers, et semble qu'il sommeille
En lisant les chansons de quelque autre sonneur.

Celui-là me déçoit d'une fausse louange,
Et gardant qu'aux bons vers les mauvais je ne change,
Fait qu'en me plaisant trop à chacun je déplais :

Celui-ci me dégoûte, et ne pouvant rien faire
Qu'il lui plaise, il me fait également déplaire
Tout ce qu'il fait lui-même et tout ce que je fais.

68

Je hais du Florentin l'usurière avarice,
Je hais du fol Siennois le sens mal arrêté,

Je hais du Genevois la rare vérité,
Et du Vénitien la trop caute malice :

Je hais le Ferrarais pour je ne sais quel vice,
Je hais tous les Lombards pour l'infidélité,
Le fier Napolitain pour sa grand' vanité,
Et le poltron romain pour son peu d'exercice :

Je hais l'Anglais mutin et le brave Écossais,
Le traître Bourguignon et l'indiscret Français,
Le superbe Espagnol et l'ivrogne Tudesque :

Bref, je hais quelque vice en chaque nation,
Je hais moi-même encor mon imperfection,
Mais je hais par sur tout un savoir pédantesque.

69

Pourquoi me grondes-tu, vieux mâtin affamé,
Comme si Du Bellay n'avait point de défense ?
Pourquoi m'offenses-tu, qui ne t'ai fait offense,
Sinon de t'avoir trop quelquefois estimé ?

Qui t'a, chien envieux, sur moi tant animé,
Sur moi, qui suis absent ? crois-tu que ma vengeance
Ne puisse bien d'ici darder jusques en France
Un trait, plus que le tien, de rage envenimé ?

Je pardonne à ton nom, pour ne souiller mon livre
D'un nom qui par mes vers n'a mérité de vivre :
Tu n'auras, malheureux, tant de faveur de moi.

Mais si plus longuement ta fureur persévère,
Je t'enverrai d'ici un fouet, une Mégère,
Un serpent, un cordeau, pour me venger de toi.

70 *

Si Pirithois ne fût aux enfers descendu,
L'amitié de Thésée serait ensevelie,
Et Nise par sa mort n'eût la sienne ennoblie,
S'il n'eût vu sur le champ Euryale étendu :

De Pylade le nom ne serait entendu
Sans la fureur d'Oreste, et la foi de Pythie
Ne fût par tant d'écrits en lumière sortie,
Si Damon ne se fût en sa place rendu :

Et je n'eusse éprouvé la tienne si muable,
Si fortune vers moi n'eût été variable.
Que puis-je faire donc, pour me venger de toi ?

Le mal que je te veux, c'est qu'un jour je te puisse
Faire en pareil endroit, mais par meilleur office,
Reconnaître ta faute et voir quelle est ma foi.

71 *

Ce brave qui se croit, pour un jaque de maille,
Être un second Roland, ce dissimulateur,

Qui superbe aux amis, aux ennemis flatteur,
Contrefait l'habile homme et ne dit rien qui vaille,

Belleau, ne le crois pas : et quoiqu'il se travaille
De se feindre hardi d'un visage menteur,
N'ajoute point de foi à son parler vanteur,
Car oncq homme vaillant je n'ai vu de sa taille.

Il ne parle jamais que des faveurs qu'il a :
Il dédaigne son maître, et courtise ceux-là
Qui ne font cas de lui : il brûle d'avarice :

Il fait du bon chrétien, et n'a ni foi ni loi :
Il fait de l'amoureux, mais c'est, comme je croi,
Pour couvrir le soupçon de quelque plus grand vice

72

Encore que l'on eût heureusement compris
Et la doctrine grecque et la romaine ensemble,
Si est-ce, Gohory, qu'ici, comme il me semble,
On peut apprendre encor, tant soit-on bien appris.

Non pour trouver ici de plus doctes écrits
Que ceux que le français soigneusement assemble,
Mais pour l'air plus subtil, qui doucement nous emble
Ce qui est plus terrestre et lourd en nos esprits.

Je ne sais quel démon de sa flamme divine
Le moins parfait de nous purge, éprouve et affine,
Lime le jugement et le rend plus subtil :

Mais qui trop y demeure, il envoie en fumée
De l'esprit trop purgé la force consumée,
Et pour l'émoudre trop lui fait perdre le fil.

73

Gordes, j'ai en horreur un vieillard vicieux
Qui l'aveugle appétit de la jeunesse imite,
Et jà froid par les ans de soi-même s'incite
A vivre délicat en repos otieux.

Mais je ne crains rien tant qu'un jeune ambitieux
Qui pour se faire grand contrefait de l'hermite,
Et voilant sa traïson d'un masque d'hypocrite,
Couve sous beau semblant un cœur malicieux.

Il n'est rien (ce dit-on en proverbe vulgaire)
Si sale qu'un vieux bouc, ni si prompt à mal faire
Comme est un jeune loup : et, pour le dire mieux,

Quand bien au naturel de tous deux je regarde,
Comme un fangeux pourceau l'un déplaît à mes yeux,
Comme d'un fin renard de l'autre je me garde.

74 *

Tu dis que Du Bellay tient réputation,
Et que de ses amis il ne tient plus de compte :

Si ne suis-je seigneur, prince, marquis ou comte,
Et n'ai changé d'état ni de condition.

Jusqu'ici je ne sais que c'est d'ambition,
Et pour ne me voir grand ne rougis point de honte :
Aussi ma qualité ne baisse ni ne monte,
Car je ne suis sujet qu'à ma complexion.

Je ne sais comme il faut entretenir son maître,
Comme il faut courtiser, et moins quel il faut être
Pour vivre entre les grands, comme on vit aujourd'hui.

J'honore tout le monde et ne fâche personne :
Qui me donne un salut, quatre je lui en donne :
Qui ne fait cas de moi, je ne fais cas de lui.

75

Gordes, que Du Bellay aime plus que ses yeux,
Vois comme la nature, ainsi que du visage,
Nous a faits différents de mœurs et de courage,
Et ce qui plaît à l'un, à l'autre est odieux.

Tu dis : Je ne puis voir un sot audacieux
Qui un moindre que lui brave à son avantage,
Qui s'écoute parler, qui farde son langage,
Et fait croire de lui qu'il est mignon des dieux.

Je suis tout au contraire, et ma raison est telle :
Celui dont la douleur courtoisement m'appelle,
Me fait outre mon gré courtisan devenir :

Mais de tel entretien le brave me dispense :
Car n'étant obligé vers lui de récompense,
Je le laisse tout seul lui-même entretenir.

76 *

Cent fois plus qu'à louer on se plaît à médire :
Pour ce qu'en médisant on dit la vérité,
Et louant, la faveur, ou bien l'autorité,
Contre ce qu'on en croit, fait bien souvent écrire.

Qu'il soit vrai, pris-tu onc tel plaisir d'ouïr lire
Les louanges d'un prince ou de quelque cité,
Qu'ouïr un Marc Antoine à mordre exercité
Dire cent mille mots qui font mourir de rire ?

S'il est donques permis, sans offense d'aucun,
Des mœurs de notre temps deviser en commun,
Quiconque me lira m'estime fol ou sage :

Mais je crois qu'aujourd'hui tel pour sage est tenu,
Qui ne serait rien moins que pour tel reconnu,
Qui lui aurait ôté le masque du visage.

77

Je ne découvre ici les mystères sacrés
Des saints prêtres romains, je ne veux rien écrire

Que la vierge honteuse ait vergogne de lire,
Je veux toucher sans plus aux vices moins secrets.

Mais tu diras que mal je nomme ces Regrets,
Vu que le plus souvent j'use de mots pour rire :
Et je dis que la mer ne bruit toujours son ire,
Et que toujours Phœbus ne sagette les Grecs.

Si tu rencontres donc ici quelque risée,
Ne baptise pourtant de plainte déguisée
Les vers que je soupire au bord ausonien.

La plainte que je fais, Dilliers, est véritable :
Si je ris, c'est ainsi qu'on se rit à la table,
Car je ris, comme on dit, d'un ris sardonien.

78

Je ne te conterai de Bologne et Venise,
De Padoue et Ferrare et de Milan encor,
De Naples, de Florence, et lesquelles sont or
Meilleures pour la guerre ou pour la marchandise.

Je te raconterai du siège de l'Église,
Qui fait d'oisiveté son plus riche trésor,
Et qui dessous l'orgueil de trois couronnes d'or
Couve l'ambition, la haine et la feintise :

Je te dirai qu'ici le bonheur et malheur,
Le vice, la vertu, le plaisir, la douleur,
La science honorable et l'ignorance abonde.

Bref, je dirai qu'ici, comme en ce vieux chaos,
Se trouve, Peletier, confusément enclos
Tout ce qu'on voit de bien et de mal en ce monde.

79

Je n'écris point d'amour, n'étant point amoureux,
Je n'écris de beauté, n'ayant belle maîtresse,
Je n'écris de douceur, n'éprouvant que rudesse,
Je n'écris de plaisir, me trouvant douloureux :

Je n'écris de bonheur, me trouvant malheureux,
Je n'écris de faveur, ne voyant ma princesse,
Je n'écris de trésors, n'ayant point de richesse,
Je n'écris de santé, me sentant langoureux :

Je n'écris de la cour, étant loin de mon prince,
Je n'écris de la France, en étrange province,
Je n'écris de l'honneur, n'en voyant point ici :

Je n'écris d'amitié, ne trouvant que feintise,
Je n'écris de vertu, n'en trouvant point aussi,
Je n'écris de savoir, entre les gens d'Église.

80 *

Si je monte au Palais, je n'y trouve qu'orgueil,
Que vice déguisé, qu'une cérémonie,

Qu'un bruit de tambourins, qu'une étrange harmonïe,
Et de rouges habits un superbe appareil :

Si je descends en banque, un amas et recueil
De nouvelles je trouve, une usure infinie,
De riches Florentins une troupe bannie,
Et de pauvres Siennois un lamentable deuil :

Si je vais plus avant, quelque part où j'arrive,
Je trouve de Vénus la grand bande lascive
Dressant de tous côtés mille appas amoureux :

Si je passe plus outre, et de la Rome neuve
Entre en la vieille Rome, adonques je ne treuve
Que de vieux monuments un grand monceau pierreux.

81 *

Il fait bon voir, Paschal, un conclave serré,
Et l'une chambre à l'autre également voisine
D'antichambre servir, de salle et de cuisine,
En un petit recoin de dix pieds en carré :

Il fait bon voir autour le palais emmuré,
Et briguer là-dedans cette troupe divine,
L'un par ambition, l'autre par bonne mine,
Et par dépit de l'un être l'autre adoré :

Il fait bon voir dehors toute la ville en armes
Crier : le Pape est fait, donner de faux alarmes,
Saccager un palais : mais plus que tout cela

Fait bon voir, qui de l'un, qui de l'autre se vante,
Qui met pour celui-ci, qui met pour celui-là,
Et pour moins d'un écu dix cardinaux en vente.

82

Veux-tu savoir, Duthier, quelle chose c'est Rome ?
Rome est de tout le monde un publique échafaud,
Une scène, un théâtre, auquel rien ne défaut
De ce qui peut tomber ès actions de l'homme.

Ici se voit le jeu de la fortune, et comme
Sa main nous fait tourner ores bas, ores haut :
Ici chacun se montre, et ne peut, tant soit caut,
Faire que tel qu'il est, le peuple ne le nomme.

Ici du faux et vrai la messagère court,
Ici les courtisans font l'amour et la cour,
Ici l'ambition et la finesse abonde :

Ici la liberté fait l'humble audacieux,
Ici l'oisiveté rend le bon vicieux,
Ici le vil faquin discourt des faits du monde.

83 *

Ne pense, Robertet, que cette Rome-ci
Soit cette Rome-là qui te soulait tant plaire.

On n'y fait plus crédit, comme l'on soulait faire,
On n'y fait plus l'amour, comme on soulait aussi.

La paix et le bon temps ne règnent plus ici,
La musique et le bal sont contraints de s'y taire,
L'air y est corrompu, Mars y est ordinaire,
Ordinaire la faim, la peine, et le souci.

L'artisan débauché y ferme sa boutique,
L'otieux avocat y laisse sa pratique,
Et le pauvre marchand y porte le bissac :

On ne voit que soldats, et morions en tête,
On n'oit que tambourins et semblable tempête,
Et Rome tous les jours n'attend qu'un autre sac.

84 *

Nous ne faisons la cour aux filles de Mémoire,
Comme vous qui vivez libres de passion :
Si vous ne savez donc notre occupation,
Ces dix vers en suivant vous la feront notoire :

Suivre son cardinal au Pape, au Consistoire,
En Capelle, en Visite, en Congrégation,
Et pour l'honneur d'un prince ou d'une nation
De quelque ambassadeur accompagner la gloire :

Être en son rang de garde auprès de son seigneur,
Et faire aux survenants l'accoutumé honneur,
Parler du bruit qui court, faire de l'habile homme

Se promener en housse, aller voir d'huis en huis
La Marthe ou la Victoire, et s'engager aux Juifs :
Voilà, mes compagnons, les passe-temps de Rome.

85

Flatter un créditeur, pour son terme allonger,
Courtiser un banquier, donner bonne espérance,
Ne suivre en son parler la liberté de France,
Et pour répondre un mot, un quart d'heure y songer :

Ne gâter sa santé par trop boire et manger,
Ne faire sans propos une folle dépense,
Ne dire à tous venants tout cela que l'on pense,
Et d'un maigre discours gouverner l'étranger :

Connaître les humeurs, connaître qui demande,
Et d'autant que l'on a la liberté plus grande,
D'autant plus se garder que l'on ne soit repris :

Vivre avecques chacun, de chacun faire compte :
Voilà, mon cher Morel (dont je rougis de honte),
Tout le bien qu'en trois ans à Rome j'ai appris.

86

Marcher d'un grave pas et d'un grave sourcil,
Et d'un grave sourire à chacun faire fête,

Balancer tous ses mots, répondre de la tête,
Avec un *Messer non,* ou bien un *Messer si* :

Entremêler souvent un petit *Et cosi,*
Et d'un *son Servitor'* contrefaire l'honnête,
Et, comme si l'on eût sa part en la conquête,
Discourir sur Florence, et sur Naples aussi :

Seigneuriser chacun d'un baisement de main,
Et, suivant la façon du courtisan romain,
Cacher sa pauvreté d'une brave apparence :

Voilà de cette cour la plus grande vertu,
Dont souvent mal monté, malsain, et mal vêtu,
Sans barbe et sans argent on s'en retourne en France.

87 *

D'où vient cela, Mauny, que tant plus on s'efforce
D'échapper hors d'ici, plus le démon du lieu
(Et que serait-ce donc, si ce n'est quelque dieu?)
Nous y tient attachés par une douce force?

Serait-ce point d'amour cette alléchante amorce,
Ou quelque autre venin, dont après avoir beu
Nous sentons nos esprits nous laisser peu à peu,
Comme un corps qui se perd sous une neuve écorce?

J'ai voulu mille fois de ce lieu m'étranger,
Mais je sens mes cheveux en feuilles se changer,
Mes bras en longs rameaux, et mes pieds en racine.

Bref, je ne suis plus rien qu'un vieux tronc animé,
Qui se plaint de se voir à ce bord transformé,
Comme le myrte anglais au rivage d'Alcine.

88 *

Qui choisira pour moi la racine d'Ulysse?
Et qui me gardera de tomber au danger
Qu'une Circe en pourceau ne me puisse changer,
Pour être à tout jamais fait esclave du vice?

Qui m'étreindra le doigt de l'anneau de Mélisse,
Pour me désenchanter comme un autre Roger?
Et quel Mercure encor me fera déloger,
Pour ne perdre mon temps en l'amoureux service?

Qui me fera passer sans écouter la voix
Et la feinte douceur des monstres d'Achelois?
Qui chassera de moi ces Harpies friandes?

Qui volera pour moi encore un coup aux cieux,
Pour rapporter mon sens et me rendre mes yeux?
Et qui fera qu'en paix je mange mes viandes?

89 *

Gordes, il m'est avis que je suis éveillé,
Comme un qui tout ému d'un effroyable songe

Se réveille en sursaut et par le lit s'allonge,
S'émerveillant d'avoir si longtemps sommeillé.

Roger devint ainsi (ce crois-je) émerveillé :
Et crois que tout ainsi la vergogne me ronge,
Comme lui, quand il eut découvert le mensonge
Du fard magicien qui l'avait aveuglé.

Et comme lui aussi je veux changer de style,
Pour vivre désormais au sein de Logistille,
Qui des cœurs langoureux est le commun support.

Sus donc, Gordes, sus donc, à la voile, à la rame,
Fuyons, gagnons le haut, je vois la belle Dame
Qui d'un heureux signal nous appelle à son port.

90

Ne pense pas, Bouju, que les nymphes latines
Pour couvrir leur traïson d'une humble privauté,
Ni pour masquer leur teint d'une fausse beauté,
Me fassent oublier nos nymphes angevines.

L'angevine douceur, les paroles divines,
L'habit qui ne tient rien de l'impudicité,
La grâce, la jeunesse et la simplicité
Me dégoûtent, Bouju, de ces vieilles Alcines.

Qui les voit par-dehors ne peut rien voir plus beau,
Mais le dedans ressemble au dedans d'un tombeau,
Et si rien entre nous moins honnête se nomme.

O quelle gourmandise! ô quelle pauvreté!
O quelle horreur de voir leur immondicité!
C'est vraiment de les voir le salut d'un jeune homme.

91 *

O beaux cheveux d'argent mignonnement retors!
O front crêpe et serein! et vous, face dorée!
O beaux yeux de cristal! ô grand bouche honorée,
Qui d'un large repli retrousses tes deux bords!

O belles dents d'ébène! ô précieux trésors,
Qui faites d'un seul ris toute âme enamourée!
O gorge damasquine en cent plis figurée!
Et vous, beaux grands tétins, dignes d'un si beau corps!

O beaux ongles dorés! ô main courte et grassette!
O cuisse délicate! et vous, jambe grossette,
Et ce que je ne puis honnêtement nommer!

O beau corps transparent! ô beaux membres de glace!
O divines beautés! pardonnez-moi, de grâce,
Si, pour être mortel, je ne vous ose aimer.

92

En mille crespillons les cheveux se friser,
Se pincer les sourcils, et d'une odeur choisie

Parfumer haut et bas sa charnure moisie,
Et de blanc et vermeil sa face déguiser :

Aller de nuit en masque, en masque deviser,
Se feindre à tous propos être d'amour saisie,
Siffler toute la nuit par une jalousie,
Et par martel de l'un, l'autre favoriser :

Baller, chanter, sonner, folâtrer dans la couche,
Avoir le plus souvent deux langues en la bouche,
Des courtisanes sont les ordinaires jeux.

Mais quel besoin est-il que je te les enseigne ?
Si tu les veux savoir, Gordes, et si tu veux
En savoir plus encor, demande à la Chassaigne.

93

Douce mère d'amour, gaillarde Cyprienne,
Qui fais sous ton pouvoir tout pouvoir se ranger,
Et qui des bords de Xanthe à ce bord étranger
Guidas avec ton fils ta gent dardanienne,

Si je retourne en France, ô mère idalienne,
Comme je vins ici, sans tomber au danger
De voir ma vieille peau en autre peau changer,
Et ma barbe française en barbe italienne,

Dès ici je fais vœu d'apprendre à ton autel,
Non le lis, ou la fleur d'amarante immortel,
Non cette fleur encor de ton sang colorée :

Mais bien de mon menton la plus blonde toison,
Me vantant d'avoir fait plus que ne fit Jason
Emportant le butin de la toison dorée.

94

Heureux celui qui peut longtemps suivre la guerre
Sans mort, ou sans blessure, ou sans longue prison!
Heureux qui longuement vit hors de sa maison
Sans dépendre son bien ou sans vendre sa terre!

Heureux qui peut en cour quelque faveur acquerre
Sans crainte de l'envie ou de quelque traïson!
Heureux qui peut longtemps sans danger de poison
Jouir d'un chapeau rouge ou des clefs de saint Pierre!

Heureux qui sans péril peut la mer fréquenter!
Heureux qui sans procès le palais peut hanter!
Heureux qui peut sans mal vivre l'âge d'un homme!

Heureux qui sans souci peut garder son trésor,
Sa femme sans soupçon, et plus heureux encor
Qui a pu sans peler vivre trois ans à Rome!

95 *

Maudit soit mille fois le Borgne de Libye,
Qui, le cœur des rochers perçant de part en part,

Des Alpes renversa le naturel rempart,
Pour ouvrir le chemin de France en Italie.

Mars n'eût empoisonné d'une éternelle envie
Le cœur de l'Espagnol et du Français soudard,
Et tant de gens de bien ne seraient en hasard
De venir perdre ici et l'honneur et la vie.

Le Français corrompu par le vice étranger
Sa langue et son habit n'eût appris à changer,
Il n'eût changé ses mœurs en une autre nature.

Il n'eût point éprouvé le mal qui fait peler,
Il n'eût fait de son nom la vérole appeler,
Et n'eût fait si souvent d'un buffle sa monture.

96

O Déesse, qui peux aux princes égaler
Un pauvre mendiant qui n'a que la parole,
Et qui peux d'un grand roi faire un maître d'école,
S'il te plaît de son lieu le faire dévaler :

Je ne te prie pas de me faire enrôler
Au rang de ces messieurs que la faveur accole,
Que l'on parle de moi, et que mon renom vole
De l'aile dont tu fais ces grands princes voler :

Je ne demande pas mille et mille autres choses
Qui dessous ton pouvoir sont largement encloses,
Aussi je n'eus jamais de tant de biens souci.

Je demande sans plus que le mien on ne mange,
Et que j'aie bientôt une lettre de change,
Pour n'aller sur le buffle au départir d'ici.

97 *

Doulcin, quand quelquefois je vois ces pauvres filles
Qui ont le diable au corps, ou le semblent avoir,
D'une horrible façon corps et tête mouvoir,
Et faire ce qu'on dit de ces vieilles Sibylles :

Quand je vois les plus forts se retrouver débiles,
Voulant forcer en vain leur forcené pouvoir :
Et quand même j'y vois perdre tout leur savoir
Ceux qui sont en votre art tenus des plus habiles :

Quand effroyablement écrier je les oy,
Et quand le blanc des yeux renverser je leur voy,
Tout le poil me hérisse, et ne sais plus que dire.

Mais quand je vois un moine avecques son latin
Leur tâter haut et bas le ventre et le tétin,
Cette frayeur se passe, et suis contraint de rire.

98

D'où vient que nous voyons à Rome si souvent
Ces garces forcener, et la plupart d'icelles

N'être vieilles, Ronsard, mais d'âge de pucelles,
Et se trouver toujours en un même couvent?

Qui parle par leur voix? quel démon leur défend
De répondre à ceux-là qui ne sont connus d'elles?
Et d'où vient que soudain on ne les voit plus telles,
Ayant une chandelle éteinte de leur vent?

D'où vient que les saints lieux telles fureurs augmentent?
D'où vient que tant d'esprits une seule tourmentent?
Et que sortant les uns, le reste ne sort pas?

Dis, je te prie, Ronsard, toi qui sais leurs natures,
Ceux qui fâchent ainsi ces pauvres créatures,
Sont-ils des plus hautains, des moyens, ou plus bas?

99 *

Quand je vais par la rue, où tant de peuple abonde,
De prêtres, de prélats, et de moines aussi,
De banquiers, d'artisans, et n'y voyant, ainsi
Qu'on voit dedans Paris, la femme vagabonde :

Pyrrhe, après le dégât de l'universelle onde,
Ses pierres (dis-je alors) ne sema point ici :
Et semble proprement, à voir ce peuple-ci,
Que Dieu n'y ait formé que la moitié du monde.

Car la dame romaine en gravité marchant,
Comme la conseillère ou femme du marchand
Ne s'y promène point, et n'y voit-on que celles

Qui se sont de la cour l'honnête nom donné :
Dont je crains quelquefois qu'en France retourné,
Autant que j'en verrai ne me ressemblent telles.

100

Ursin, quand j'oy nommer de ces vieux noms romains,
De ces beaux noms connus de l'Inde jusqu'au More,
Non les grands seulement, mais les moindres encore,
Voire ceux-là qui ont les ampoules aux mains :

Il me fâche d'ouïr appeler ces vilains
De ces noms tant fameux, que tout le monde honore :
Et sans le nom chrétien, le seul nom que j'adore,
Voudrais que de tels noms on appelât nos saints.

Le mien surtout me fâche, et me fâche un Guillaume,
Et mille autres sots noms communs en ce royaume,
Voyant tant de faquins indignement jouir

De ces beaux noms de Rome et de ceux de la Grèce :
Mais par sur tout, Ursin, il me fâche d'ouïr
Nommer une Thaïs du nom d'une Lucrèce.

101

Que dirons-nous, Melin, de cette cour romaine,
Où nous voyons chacun divers chemins tenir,

Et aux plus hauts honneurs les moindres parvenir,
Par vice, par vertu, par travail, et sans peine?

L'un fait pour s'avancer une dépense vaine,
L'autre par ce moyen se voit grand devenir,
L'un par sévérité se sait entretenir,
L'autre gagne les cœurs par sa douceur humaine :

L'un pour ne s'avancer se voit être avancé,
L'autre pour s'avancer se voit désavancé,
Et ce qui nuit à l'un, à l'autre est profitable :

Qui dit que le savoir est le chemin d'honneur,
Qui dit que l'ignorance attire le bonheur :
Lequel des deux, Melin, est le plus véritable?

102

On ne fait de tout bois l'image de Mercure,
Dit le proverbe vieil : mais nous voyons ici
De tout bois faire pape, et cardinaux aussi,
Et vêtir en trois jours tout une autre figure.

Les princes et les rois viennent grands de nature :
Aussi de leurs grandeurs n'ont-ils tant de souci,
Comme ces dieux nouveaux, qui n'ont que le sourcil
Pour faire révérer leur grandeur, qui peu dure.

Paschal, j'ai vu celui qui naguère traînait
Toute Rome après lui, quand il se promenait,
Avecques trois valets cheminer par la rue :

Et traîner après lui un long orgueil romain
Celui de qui le père a l'ampoule en la main,
Et, l'aiguillon au poing, se courbe à la charrue.

103 *

Si la perte des tiens, si les pleurs de ta mère,
Et si de tes parents les regrets quelquefois,
Combien, cruel Amour, que sans amour tu sois,
T'ont fait sentir le deuil de leur complainte amère :

C'est or qu'il faut montrer ton flambeau sans lumière,
C'est or qu'il faut porter sans flèches ton carquois,
C'est or qu'il faut briser ton petit arc turquois,
Renouvelant le deuil de ta perte première.

Car ce n'est pas ici qu'il te faut regretter
Le père au bel Ascagne : il te faut lamenter
Le bel Ascagne même, Ascagne, ô quel dommage!

Ascagne, que Caraffe aimait plus que ses yeux :
Ascagne, qui passait en beauté de visage
Le beau coupier troyen qui verse à boire aux dieux.

104 *

Si fruits, raisins et blés, et autres telles choses,
Ont leur tronc, et leur cep, et leur semence aussi,

Et s'on voit au retour du printemps adouci
Naître de toutes parts violettes et roses :

Ni fruits, raisins, ni blés, ni fleurettes décloses
Sortiront, viateur, du corps qui gît ici :
Aulx, oignons, et porreaux, et ce qui fleure ainsi,
Auront ici dessous leurs semences encloses.

Toi donc, qui de l'encens et du baume n'as point,
Si du grand Jules tiers quelque regret te point,
Parfume son tombeau de telle odeur choisie :

Puisque son corps, qui fut jadis égal aux dieux,
Se soulait paître ici de tels mets précieux,
Comme au ciel Jupiter se paît de l'ambroisie.

105 *

De voir mignon du roi un courtisan honnête,
Voir un pauvre cadet l'ordre au col soutenir,
Un petit compagnon aux états parvenir,
Ce n'est chose, Morel, digne d'en faire fête.

Mais voir un estafier, un enfant, une bête,
Un forfant, un poltron cardinal devenir,
Et pour avoir bien su un singe entretenir
Un Ganymède avoir le rouge sur la tête :

S'être vu par les mains d'un soldat espagnol
Bien haut sur une échelle avoir la corde au col
Celui que par le nom de Saint-Père l'on nomme :

Un bélître en trois jours aux princes s'égaler,
Et puis le voir de là en trois jours dévaler :
Ces miracles, Morel, ne se font point, qu'à Rome.

106

Qui niera, Gillebert, s'il ne veut résister
Au jugement commun, que le siège de Pierre
Qu'on peut dire à bon droit un paradis en terre,
Aussi bien que le ciel, n'ait son grand Jupiter?

Les Grecs nous ont fait l'un sur Olympe habiter,
Dont souvent dessus nous ses foudres il desserre :
L'autre du Vatican délâche son tonnerre,
Quand quelque roi l'a fait contre lui dépiter.

Du Jupiter céleste un Ganymède on vante,
Le tusque Jupiter en a plus de cinquante :
L'un de nectar s'enivre, et l'autre de bon vin.

De l'aigle l'un et l'autre a la défense prise,
Mais l'un hait les tyrans, l'autre les favorise :
Le mortel en ceci n'est semblable au divin.

107

Où que je tourne l'œil, soit vers le Capitole,
Vers les bains d'Antonin ou Dioclétien,

Et si quelque œuvre encor dure plus ancien
De la porte Saint-Paul jusques à Ponte-mole :

Je déteste à part moi ce vieux faucheur, qui vole,
Et le ciel, qui ce tout a réduit en un rien :
Puis songeant que chacun peut répéter le sien,
Je me blâme, et connais que ma complainte est folle.

Aussi serait celui par trop audacieux,
Qui voudrait accuser ou le temps ou les cieux,
Pour voir une médaille ou colonne brisée.

Et qui sait si les cieux referont point leur tour,
Puisque tant de seigneurs nous voyons chacun jour
Bâtir sur la Rotonde et sur le Colisée ?

108 *

Je fus jadis Hercule, or Pasquin je me nomme,
Pasquin fable du peuple, et qui fais toutefois
Le même office encor que j'ai fait autrefois,
Vu qu'ores par mes vers tant de monstres j'assomme.

Aussi mon vrai métier, c'est de n'épargner homme,
Mais les vices chanter d'une publique voix :
Et si ne puis encor, quelque fort que je sois,
Surmonter la fureur de cet Hydre de Rome.

J'ai porté sur mon col le grand palais des dieux,
Pour soulager Atlas, qui sous le faix des cieux
Courbait las et recru sa grande échine large.

Ores au lieu du ciel, je porte sur mon dos,
Un gros moine espagnol, qui me froisse les os,
Et me pèse trop plus que ma première charge.

109 *

Comme un qui veut curer quelque cloaque immonde,
S'il n'a le nez armé d'une contresenteur,
Étouffé bien souvent de la grand puanteur
Demeure enseveli dans l'ordure profonde :

Ainsi le bon Marcel ayant levé la bonde,
Pour laisser écouler la fangeuse épaisseur
Des vices entassés, dont son prédécesseur
Avait six ans devant empoisonné le monde :

Se trouvant le pauvret de telle odeur surpris,
Tomba mort au milieu de son œuvre entrepris,
N'ayant pas à demi cette ordure purgée.

Mais quiconque rendra tel ouvrage parfait,
Se pourra bien vanter d'avoir beaucoup plus fait
Que celui qui purgea les étables d'Augée.

110 *

Quand mon Caraciol de leur prison desserre
Mars, les vents et l'hiver : une ardente fureur,

Une fière tempête, une tremblante horreur
Ames, ondes, humeurs, ard, renverse et resserre.

Quand il lui plaît aussi de renfermer la guerre
Et l'orage et le froid : une amoureuse ardeur,
Une longue bonace, une douce tiédeur
Brûle, apaise et résout les cœurs, l'onde et la terre.

Ainsi la paix à Mars il oppose en un temps,
Le beau temps à l'orage, à l'hiver le printemps,
Comparant Paule quart avec Jules troisième.

Aussi ne furent onc deux siècles plus divers,
Et ne se peut mieux voir l'endroit par le revers
Que mettant Jules tiers avec Paule quatrième.

III *

Je n'ai jamais pensé que cette voûte ronde
Couvrît rien de constant : mais je veux désormais,
Je veux, mon cher Morel, croire plus que jamais
Que dessous ce grand Tout rien ferme ne se fonde,

Puisque celui qui fut de la terre et de l'onde
Le tonnerre et l'effroi, las de porter le faix,
Veut d'un cloître borner la grandeur de ses faits,
Et pour servir à Dieu abandonner le monde.

Mais quoi ? que dirons-nous de cet autre vieillard,
Lequel ayant passé son âge plus gaillard
Au service de Dieu, ores César imite ?

Je ne sais qui des deux est le moins abusé :
Mais je pense, Morel, qu'il est fort malaisé
Que l'un soit bon guerrier, ni l'autre bon ermite.

112

Quand je vois ces seigneurs qui l'épée et la lance
Ont laissé pour vêtir ce saint orgueil romain,
Et ceux-là qui ont pris le bâton en la main
Sans avoir jamais fait preuve de leur vaillance :

Quand je les vois, Ursin, si chiches d'audience
Que souvent par quatre huis on la mendie en vain :
Et quand je vois l'orgueil d'un camérier hautain,
Lequel ferait à Job perdre la patience :

Il me souvient alors de ces lieux enchantés
Qui sont en *Amadis* et *Palmerin* chantés,
Desquels l'entrée était si chèrement vendue.

Puis je dis : O combien le palais que je vois
Me semble différent du palais de mon roi,
Où l'on ne trouve point de chambre défendue!

113 *

Avoir vu dévaler une triple montagne,
Apparoir une biche et disparoir soudain,

Et dessus le tombeau d'un empereur romain
Une vieille carafe élever pour enseigne :

Ne voir qu'entrer soldats et sortir en campagne,
Emprisonner seigneurs pour un crime incertain,
Retourner forussiz, et le Napolitain
Commander en son rang à l'orgueil de l'Espagne :

Force nouveaux seigneurs, dont les plus apparents
Sont de Sa Sainteté les plus proches parents,
Et force cardinaux, qu'à grand-peine l'on nomme :

Force braves chevaux, et force hauts collets,
Et force favoris, qui n'étaient que valets :
Voilà, mon cher Dagaut, des nouvelles de Rome.

114

O trois et quatre fois malheureuse la terre
Dont le prince ne voit que par les yeux d'autrui,
N'entend que par ceux-là qui répondent pour lui,
Aveugle, sourd et mut plus que n'est une pierre !

Tels sont ceux-là, Seigneur, qu'aujourd'hui l'on resserre
Oisifs dedans leur chambre, ainsi qu'en un étui,
Pour durer plus longtemps, et ne sentir l'ennui
Que sent leur pauvre peuple accablé de la guerre.

Ils se paissent enfants de trompes et canons,
De fifres, de tambours, d'enseignes, gonfanons,
Et de voir leur province aux ennemis en proie.

Tel était celui-là, qui du haut d'une tour,
Regardant ondoyer la flamme tout autour,
Pour se donner plaisir chantait le feu de Troie.

115

O que tu es heureux, si tu connais ton heur,
D'être échappé des mains de cette gent cruelle,
Qui sous un faux semblant d'amitié mutuelle
Nous dérobe le bien, et la vie, et l'honneur !

Où tu es, mon Dagaut, la secrète rancœur,
Le soin qui comme une hydre en nous se renouvelle,
L'avarice, l'envie, et la haine immortelle
Du chétif courtisan n'empoisonnent le cœur.

La molle oisiveté n'y engendre le vice,
Le serviteur n'y perd son temps et son service,
Et n'y médit-on point de cil qui est absent :

La justice y a lieu, la foi n'en est bannie,
Là ne sait-on que c'est de prendre à compagnie,
A change, à cense, à stock, et à trente pour cent.

116 *

Fuyons, Dilliers, fuyons cette cruelle terre,
Fuyons ce bord avare et ce peuple inhumain,

Que des dieux irrités la vengeresse main
Ne nous accable encor sous un même tonnerre.

Mars est désenchaîné, le temple de la guerre
Est ouvert à ce coup, le grand prêtre romain
Veut foudroyer là-bas l'hérétique Germain
Et l'Espagnol marran, ennemis de saint Pierre.

On ne voit que soldats, enseignes, gonfanons,
On n'oit que tambourins, trompettes et canons,
On ne voit que chevaux courant parmi la plaine :

On n'oit plus raisonner que de sang et de feu,
Maintenant on verra, si jamais on l'a veu,
Comment se sauvera la nacelle romaine.

117

Celui vraiment était et sage et bien appris,
Qui, connaissant du feu la semence divine
Être des animants la première origine,
De substance de feu dit être nos esprits.

Le corps est le tison de cette ardeur épris,
Lequel, d'autant qu'il est de matière plus fine,
Fait un feu plus luisant, et rend l'esprit plus digne
De montrer ce qui est en soi-même compris.

Ce feu donques céleste, humble de sa naissance,
S'élève peu à peu au lieu de son essence,
Tant qu'il soit parvenu au point de sa grandeur :

Adonc il diminue, et sa force lassée,
Par faute d'aliment en cendres abaissée,
Sent faillir tout à coup sa languissante ardeur.

118 *

Quand je vois ces messieurs, desquels l'autorité
Se voit ores ici commander en son rang,
D'un front audacieux cheminer flanc à flanc,
Il me semble de voir quelque divinité.

Mais les voyant pâlir lorsque Sa Sainteté
Crache dans un bassin, et d'un visage blanc
Cautement épier s'il y a point de sang,
Puis d'un petit souris feindre une sûreté :

O combien (dis-je alors) la grandeur que je voy
Est misérable au prix de la grandeur d'un Roi!
Malheureux qui si cher achète tel honneur.

Vraiment le fer meurtrier et le rocher aussi
Pendent bien sur le chef de ces seigneurs ici,
Puisque d'un vieux filet dépend tout leur bonheur.

119

Brusquet à son retour vous racontera, Sire,
De ces rouges prélats la pompeuse apparence,

Leurs mules, leurs habits, leur longue révérence,
Qui se peut beaucoup mieux représenter que dire.

Il vous racontera, s'il les sait bien décrire,
Les mœurs de cette cour, et quelle différence
Se voit de ces grandeurs à la grandeur de France,
Et mille autres bons points, qui sont dignes de rire.

Il vous peindra la forme et l'habit du Saint Père,
Qui comme Jupiter tout le monde tempère,
Avecques un clin d'œil : sa faconde et sa grâce,

L'honnêteté des siens, leur grandeur et largesse,
Les présents qu'on lui fit, et de quelle caresse
Tout ce que se dit vôtre à Rome l'on embrasse.

120 *

Voici le carnaval, menons chacun la sienne,
Allons baller en masque, allons nous promener,
Allons voir Marc Antoine ou Zany bouffonner
Avec son Magnifique à la vénitienne :

Voyons courir le pal à la mode ancienne,
Et voyons par le nez le sot buffle mener :
Voyons le fier taureau d'armes environner,
Et voyons au combat l'adresse italienne :

Voyons d'œufs parfumés un orage grêler,
Et la fusée ardent siffler menu par l'air.
Sus donc, dépêchons-nous, voici la pardonnance :

Il nous faudra demain visiter les saints lieux,
Là nous ferons l'amour, mais ce sera des yeux,
Car passer plus avant, c'est contre l'ordonnance.

121

Se fâcher tout le jour d'une fâcheuse chasse,
Voir un brave taureau se faire un large tour,
Étonné de se voir tant d'hommes alentour,
Et cinquante piquiers affronter son audace :

Le voir en s'élançant venir la tête basse,
Fuir et retourner d'un plus brave retour,
Puis le voir à la fin pris en quelque détour,
Percé de mille coups, ensanglanter la place :

Voir courir aux flambeaux, mais sans se rencontrer,
Donner trois coups d'épée, en armes se montrer,
Et tout autour du camp un rempart de Tudesques :

Dresser un grand apprêt, faire attendre longtemps,
Puis donner à la fin un maigre passe-temps :
Voilà tout le plaisir des fêtes romanesques.

122

Cependant qu'au palais de procès tu devises,
D'avocats, procureurs, présidents, conseillers,

D'ordonnances, d'arrêts, de nouveaux officiers,
De juges corrompus, et de telles surprises :

Nous devisons ici de quelques villes prises,
De nouvelles de banque, et de nouveaux courriers,
De nouveaux cardinaux, de mules, d'estafiers,
De chapes, de rochets, de masses et valises :

Et ores, Sibilet, que je t'écris ceci,
Nous parlons de taureaux, et de buffles aussi,
De masques, de banquets, et de telles dépenses :

Demain nous parlerons d'aller aux stations,
De motu-proprio, de réformations,
D'ordonnances, de brefs, de bulles et dispenses.

123 *

Nous ne sommes fâchés que la trêve se fasse :
Car bien que nous soyons de la France bien loin,
Si est chacun de nous à soi-même témoin
Combien la France doit de la guerre être lasse.

Mais nous sommes fâchés que l'espagnole audace,
Qui plus que le Français de repos a besoin,
Se vante avoir la guerre et la paix en son poing,
Et que de respirer nous lui donnons espace.

Il nous fâche d'ouïr nos pauvres alliés
Se plaindre à tous propos qu'on les ait oubliés,
Et qu'on donne au privé l'utilité commune.

Mais ce qui plus nous fâche est que les étrangers
Disent plus que jamais que nous sommes légers,
Et que nous ne savons connaître la fortune.

124

Le roi (disent ici ces bannis de Florence)
Du sceptre d'Italie est frustré désormais,
Et son heureuse main cet heur n'aura jamais
De reprendre aux cheveux la fortune de France.

Le Pape mal content n'aura plus de fiance
En tous ces beaux desseins trop légèrement faits,
Et l'exemple siennois rendra par cette paix
Suspecte aux étrangers la française alliance.

L'Empereur affaibli ses forces reprendra,
L'Empire héréditaire à ce coup il rendra,
Et paisible à ce coup il rendra l'Angleterre.

Voilà que disent ceux qui discourent du roi.
Que leur répondrons-nous? Vineus, mande-le moi,
Toi, qui sais discourir et de paix et de guerre.

125

Dedans le ventre obscur, où jadis fut enclos
Tout cela qui depuis a rempli ce grand vide,

L'air, la terre, et le feu, et l'élément liquide,
Et tout cela qu'Atlas soutient dessus son dos,

Les semences du Tout étaient encore en gros,
Le chaud avec le sec, le froid avec l'humide,
Et l'accord, qui depuis leur imposa la bride,
N'avait encore ouvert la porte du chaos :

Car la guerre en avait la serrure brouillée,
Et la clef en était par l'âge si rouillée
Qu'en vain, pour en sortir, combattait ce grand corps,

Sans la trêve, Seigneur, de la paix messagère,
Qui trouva le secret, et d'une main légère
La paix avec l'amour en fit sortir dehors.

126

Tu sois la bienvenue, ô bienheureuse trêve!
Trêve que le chrétien ne peut assez chanter,
Puisque seule tu as la vertu d'enchanter
De nos travaux passés la souvenance grève.

Tu dois durer cinq ans : et que l'envie en crève :
Car si le ciel bénin te permet enfanter
Ce qu'on attend de toi, tu te pourras vanter
D'avoir fait une paix qui ne sera si brève.

Mais si le favori en ce commun repos
Doit avoir désormais le temps plus à propos
D'accuser l'innocent, pour lui ravir sa terre :

Si le fruit de la paix du peuple tant requis
A l'avare avocat est seulement acquis :
Trêve, va-t'en en paix, et retourne la guerre.

127 *

Ici de mille fards la traïson se déguise,
Ici mille forfaits pullulent à foison,
Ici ne se punit l'homicide ou poison,
Et la richesse ici par usure est acquise :

Ici les grands maisons viennent de bâtardise,
Ici ne se croit rien sans humaine raison,
Ici la volupté est toujours de saison,
Et d'autant plus y plaît que moins elle est permise.

Pense le demeurant. Si est-ce toutefois
Qu'on garde encore ici quelque forme de lois,
Et n'en est point du tout la justice bannie.

Ici le grand seigneur n'achète l'action,
Et pour priver autrui de sa possession
N'arme son mauvais droit de force et tyrannie.

128 *

Ce n'est pas de mon gré, Carle, que ma navire
Erre en la mer tyrrhène : un vent impétueux

La chasse malgré moi par ces flots tortueux,
Ne voyant plus le pol, qui sa faveur t'inspire.

Je ne vois que rochers, et si rien se peut dire
Pire que des rochers le heurt audacieux :
Et le phare jadis favorable à mes yeux
De mon cours égaré sa lanterne retire.

Mais si je puis un jour me sauver des dangers
Que je fuis vagabond par ces flots étrangers,
Et voir de l'océan les campagnes humides,

J'arrêterai ma nef au rivage gaulois,
Consacrant ma dépouille au Neptune françois,
A Glauque, à Mélicerte, et aux sœurs Néréides.

129 *

Je vois, Dilliers, je vois seréner la tempête,
Je vois le vieux Protée son troupeau renfermer,
Je vois le vert Triton s'égayer sur la mer,
Et vois l'astre jumeau flamboyer sur ma tête :

Jà le vent favorable à mon retour s'apprête,
Jà vers le front du port je commence à ramer,
Et vois jà tant d'amis que ne les puis nommer,
Tendant les bras vers moi, sur le bord faire fête.

Je vois mon grand Ronsard, je le connais d'ici,
Je vois mon cher Morel, et mon Dorat aussi,
Je vois mon de La Haye, et mon Paschal encore :

Et vois un peu plus loin (si je ne suis déçu)
Mon divin Mauléon, duquel, sans l'avoir vu,
La grâce, le savoir et la vertu j'adore.

130 *

Et je pensais aussi ce que pensait Ulysse,
Qu'il n'était rien plus doux que voir encore un jour
Fumer sa cheminée, et après long séjour
Se retrouver au sein de sa terre nourrice.

Je me réjouissais d'être échappé au vice,
Aux Circés d'Italie, aux sirènes d'amour,
Et d'avoir rapporté en France à mon retour
L'honneur que l'on s'acquiert d'un fidèle service.

Las, mais après l'ennui de si longue saison,
Mille soucis mordants je trouve en ma maison,
Qui me rongent le cœur sans espoir d'allégeance.

Adieu donques, Dorat, je suis encor romain,
Si l'arc que les neuf Sœurs te mirent en la main
Tu ne me prête ici, pour faire ma vengeance.

131

Morel, dont le savoir sur tout autre je prise,
Si quelqu'un de ceux-là que le prince lorrain

Guida dernièrement au rivage romain,
Soit en bien, soit en mal, de Rome te devise :

Dis qu'il ne sait que c'est du siège de l'Église,
N'y ayant éprouvé que la guerre et la faim,
Que Rome n'est plus Rome, et que celui en vain
Présume d'en juger qui bien ne l'a comprise.

Celui qui par la rue a vu publiquement
La courtisane en coche, ou qui pompeusement
L'a pu voir à cheval en accoutrement d'homme

Superbe se montrer : celui qui de plein jour
Aux cardinaux en cape a vu faire l'amour,
C'est celui seul, Morel, qui peut juger de Rome.

132 *

Vineus, je ne vis onc si plaisante province,
Hôtes si gracieux, ni peuple si humain,
Que ton petit Urbin, digne que sous sa main
Le tienne un si gentil et si vertueux prince.

Quant à l'état du Pape, il fallut que j'apprinse
A prendre en patience et la soif et la faim :
C'est pitié, comme là le peuple est inhumain,
Comme tout y est cher, et comme l'on y pinse.

Mais tout cela n'est rien au prix du Ferrarois :
Car je ne voudrais pas pour le bien de deux rois,
Passer encore un coup par si pénible enfer.

Bref, je ne sais, Vineus, qu'en conclure à la fin,
Fors qu'en comparaison de ton petit Urbin,
Le peuple de Ferrare est un peuple de fer.

133

Il fait bon voir, Magny, ces couillons magnifiques,
Leur superbe arsenal, leurs vaisseaux, leur abord,
Leur Saint-Marc, leur Palais, leur Realte, leur port,
Leurs changes, leurs profits, leur banque et leurs
                            [trafiques :

Il fait bon voir le bec de leurs chapprons antiques,
Leurs robes à grand manche et leurs bonnets sans bord,
Leur parler tout grossier, leur gravité, leur port,
Et leurs sages avis aux affaires publiques.

Il fait bon voir de tout leur sénat ballotter,
Il fait bon voir partout leurs gondoles flotter,
Leurs femmes, leurs festins, leur vivre solitaire :

Mais ce que l'on en doit le meilleur estimer,
C'est quand ces vieux cocus vont épouser la mer,
Dont ils sont les maris et le Turc l'adultère.

134 *

Celui qui d'amitié a violé la loi,
Cherchant de son ami la mort et vitupère :

Celui qui en procès a ruiné son frère,
Ou le bien d'un mineur a converti à soi :

Celui qui a trahi sa patrie et son roi,
Celui qui comme Œdipe a fait mourir son père,
Celui qui comme Oreste a fait mourir sa mère,
Celui qui a nié son baptême et sa foi :

Marseille, il ne faut point que pour la pénitence
D'une si malheureuse abominable offense,
Son estomac plombé martelant nuit et jour,

Il voise errant nu-pieds ni six ni sept années :
Que les Grisons sans plus il passe à ses journées,
J'entends s'il veut que Dieu lui doive du retour.

135 *

La terre y est fertile, amples les édifices,
Les poêles bigarrés, et les chambres de bois,
La police immuable, immuables les lois,
Et le peuple ennemi de forfaits et de vices.

Ils boivent nuit et jour en Bretons et Suisses,
Ils sont gras et refaits, et mangent plus que trois
Voilà les compagnons et correcteurs des rois,
Que le bon Rabelais a surnommés saucisses.

Ils n'ont jamais changé leurs habits et façons,
Ils hurlent comme chiens leurs barbares chansons,
Ils content à leur mode et de tout se font croire :

Ils ont force beaux lacs et force sources d'eau,
Force prés, force bois. J'ai du reste, Belleau,
Perdu le souvenir, tant ils me firent boire.

136

Je les ai vus, Bizet, et si bien m'en souvient,
J'ai vu dessus leur front la repentance peinte,
Comme on voit ces esprits qui là-bas font leur plainte,
Ayant passé le lac d'où plus on ne revient.

Un croire de léger les fols y entretient
Sous un prétexte faux de liberté contrainte :
Les coupables fuitifs y demeurent par crainte,
Les plus fins et rusés honte les y retient.

Au demeurant, Bizet, l'avarice et l'envie,
Et tout cela qui plus tourmente notre vie,
Domine en ce lieu-là plus qu'en tout autre lieu.

Je ne vis onques tant l'un l'autre contredire,
Je ne vis onques tant l'un de l'autre médire :
Vrai est que, comme ici, l'on n'y jure point Dieu.

137 *

Scève, je me trouvai comme le fils d'Anchise
Entrant dans l'Élysée et sortant des enfers,

Quand après tant de monts de neige tous couverts
Je vis ce beau Lyon, Lyon que tant je prise.

Son étroite longueur, que la Saône divise,
Nourrit mille artisans et peuples tous divers :
Et n'en déplaise à Londre, à Venise et Anvers,
Car Lyon n'est pas moindre en fait de marchandise.

Je m'étonnai d'y avoir passer tant de courriers,
D'y voir tant de banquiers, d'imprimeurs, d'armuriers,
Plus dru que l'on ne voit les fleurs par les prairies.

Mais je m'étonnai plus de la force des ponts
Dessus lesquels on passe, allant delà les monts,
Tant de belles maisons et tant de métairies.

138

Devaulx, la mer reçoit tous les fleuves du monde,
Et n'en augmente point : semblable à la grand mer
Est ce Paris sans pair, où l'on voit abîmer
Tout ce qui là-dedans de toutes parts abonde.

Paris est en savoir une Grèce féconde,
Une Rome en grandeur Paris on peut nommer,
Une Asie en richesse on le peut estimer,
En rares nouveautés une Afrique seconde.

Bref, en voyant, Devaulx, cette grande cité,
Mon œil, qui paravant était exercité
A ne s'émerveiller des choses plus étranges,

Prit ébahissement. Ce qui ne me put plaire
Ce fut l'étonnement du badaud populaire,
La presse des chartiers, les procès, et les fanges.

139

Si tu veux vivre en cour, Dilliers, souvienne-toi
De t'accoster toujours des mignons de ton maître,
Si tu n'es favori, faire semblant de l'être,
Et de t'accommoder aux passe-temps du roi.

Souvienne-toi encor de ne prêter ta foi
Au parler d'un chacun : mais surtout sois adextre
A t'aider de la gauche autant que de la dextre,
Et par les mœurs d'autrui à tes mœurs donne loi.

N'avance rien du tien, Dilliers, que ton service,
Ne montre que tu sois trop ennemi du vice,
Et sois souvent encor muet, aveugle et sourd.

Ne fais que pour autrui importun on te nomme.
Faisant ce que je dis, tu seras galant homme :
T'en souvienne, Dilliers, si tu veux vivre en cour.

140

Si tu veux sûrement en cour te maintenir,
Le silence, Ronsard, te soit comme un décret.

Qui baille à son ami la clef de son secret,
Le fait de son ami son maître devenir.

Tu dois encor, Ronsard, ce me semble, tenir
Avec ton ennemi quelque moyen discret,
Et faisant contre lui, montrer qu'à ton regret
Le seul devoir te fait en ces termes venir.

Nous voyons bien souvent une longue amitié
Se changer pour un rien en fière inimitié,
Et la haine en amour souvent se transformer.

Dont (vu le temps qui court) il ne faut s'ébahir.
Aime donques, Ronsard, comme pouvant haïr,
Haïs donques, Ronsard, comme pouvant aimer.

141

Ami, je t'apprendrai (encore que tu sois,
Pour te donner conseil, de toi-même assez sage)
Comme jamais tes vers ne te feront outrage,
Et ce qu'en tes écrits plus éviter tu dois.

Si de Dieu ou du roi tu parles quelquefois,
Fais que tu sois prudent et sobre en ton langage :
Le trop parler de Dieu porte souvent dommage,
Et longues sont les mains des princes et des rois.

Ne t'attache à qui peut, si sa fureur l'allume,
Venger d'un coup d'épée un petit trait de plume,
Mais presse (comme on dit) ta lèvre avec le doigt.

Ceux que de tes bons mots tu vois pâmer de rire,
Si quelque outrageux fou t'en veut faire dédire,
Ce seront les premiers à se moquer de toi.

142

Cousin, parle toujours des vices en commun,
Et ne discours jamais d'affaires à la table,
Mais surtout garde-toi d'être trop véritable,
Si en particulier tu parles de quelqu'un.

Ne commets ton secret à la foi d'un chacun,
Ne dis rien qui ne soit pour le moins vraisemblable :
Si tu mens, que ce soit pour chose profitable
Et qui ne tourne point au déshonneur d'aucun.

Surtout garde-toi bien d'être double en paroles,
Et n'use sans propos de finesses frivoles,
Pour acquérir le bruit d'être bon courtisan.

L'artifice caché, c'est le vrai artifice :
La souris bien souvent périt par son indice,
Et souvent par son art se trompe l'artisan.

143

Bizet, j'aimerais mieux faire un bœuf d'un fourmi,
Ou faire d'une mouche un indique éléphant,

Que, le bonheur d'autrui par mes vers étouffant,
Me faire d'un chacun le public ennemi.

Souvent pour un bon mot on perd un bon ami,
Et tel par ses bons mots croit (tant il est enfant)
S'être mis sur la tête un chapeau triomphant,
A qui mieux eût valu être bien endormi.

La louange, Bizet, est facile à chacun,
Mais la satire n'est un ouvrage commun :
C'est, trop plus qu'on ne pense, un œuvre industrieux.

Il n'est rien si fâcheux qu'un brocart mal plaisant,
Et faut bien (comme on dit) bien dire en médisant,
Vu que le louer même est souvent odieux.

144

Gordes, je saurais bien faire un conte à la table,
Et s'il était besoin, contrefaire le sourd :
J'en saurais bien donner, et faire à quelque lourd
Le vrai ressembler faux et le faux véritable.

Je me saurais bien rendre à chacun accointable,
Et façonner mes mœurs du temps qui court :
Je saurais bien prêter (comme on dit à la cour)
Auprès d'un grand seigneur quelque œuvre charitable.

Je saurais bien encor, pour me mettre en avant,
Vendre de la fumée à quelque poursuivant,
Et pour être employé en quelque bonne affaire,

Me feindre plus rusé cent fois que je ne suis :
Mais ne le voulant point, Gordes, je ne le puis,
Et si ne blâme point ceux qui le savent faire.

145 *

Tu t'abuses, Belleau, si pour être savant,
Savant et vertueux, tu penses qu'on te prise :
Il faut (comme l'on dit) être homme d'entreprise,
Si tu veux qu'à la cour on te pousse en avant.

Ces beaux noms de vertu, ce n'est rien que du vent.
Donques, si tu es sage, embrasse la feintise,
L'ignorance, l'envie, avec la convoitise :
Par ces arts jusqu'au ciel on monte bien souvent.

La science à la table est des seigneurs prisée,
Mais en chambre, Belleau, elle sert de risée :
Garde, si tu m'en crois, d'en acquérir le bruit.

L'homme trop vertueux déplaît au populaire :
Et n'est-il pas bien fol, qui, s'efforçant de plaire,
Se mêle d'un métier que tout le monde fuit ?

146 *

Souvent nous faisons tort nous-même' à notre ouvrage,
Encor que nous soyons de ceux qui font le mieux :

Soit par trop quelquefois contrefaire les vieux,
Soit par trop imiter ceux qui sont de notre âge.

Nous ôtons bien souvent aux princes le courage
De nous faire du bien : nous rendant odieux,
Soit pour en demandant être trop ennuyeux,
Soit pour trop nous louant aux autres faire outrage.

Et puis nous nous plaignons de voir notre labeur
Veuf d'applaudissement, de grâce et de faveur,
Et de ce que chacun à son œuvre souhaite.

Bref, loue qui voudra son art et son métier,
Mais celui-là, Morel, n'est pas mauvais ouvrier,
Lequel, sans être fol, peut être bon poète.

147 *

Ne te fâche, Ronsard, si tu vois par la France
Fourmiller tant d'écrits. Ceux qui ont mérité
D'être avoués pour bons de la postérité,
Portent leur sauf-conduit et lettre d'assurance.

Tout œuvre qui doit vivre, il a dès sa naissance
Un démon qui le guide à l'immortalité :
Mais qui n'a rencontré telle nativité,
Comme un fruit abortif, n'a jamais accroissance.

Virgile eut ce démon, et l'eut Horace encor,
Et tous ceux qui du temps de ce bon siècle d'or
Étaient tenus pour bons : les autres n'ont plus vie.

Qu'eussions-nous leurs écrits, pour voir de notre temps
Ce qui aux anciens servait de passe-temps,
Et quels étaient les vers d'un indocte Mevie.

148

Autant comme l'on peut en un autre langage
Une langue exprimer, autant que la nature
Par l'art se peut montrer, et que par la peinture
On peut tirer au vif un naturel visage :

Autant exprimes-tu, et encor davantage,
Avecques le pinceau de ta docte écriture,
La grâce, la façon, le port et la stature
De celui qui d'Énée a décrit le voyage.

Cette même candeur, cette grâce divine,
Cette même douceur et majesté latine
Qu'en ton Virgile on voit, c'est celle même encore

Qui française se rend par ta céleste veine.
Des Masures sans plus, à faute d'un Mécène
Et d'un autre César, qui ses vertus honore.

149

Vous dites, courtisans : les poètes sont fous,
Et dites vérité : mais aussi dire j'ose

Que tels que vous soyez, vous tenez quelque chose
De cette douce humeur qui est commune à tous.

Mais celle-là, messieurs, qui domine sur vous,
En autres actions diversement s'expose :
Nous sommes fous en rime, et vous l'êtes en prose :
C'est le seul différent qu'est entre vous et nous.

Vrai est que vous avez la cour plus favorable,
Mais aussi n'avez-vous un renom si durable :
Vous avez plus d'honneurs, et nous moins de souci.

Si vous riez de nous, nous faisons la pareille :
Mais cela qui se dit s'envole par l'oreille,
Et cela qui s'écrit ne se perd pas ainsi.

150

Seigneur, je ne saurais regarder d'un bon œil
Ces vieux singes de cour, qui ne savent rien faire,
Sinon en leur marcher les princes contrefaire,
Et se vêtir, comme eux, d'un pompeux appareil.

Si leur maître se moque, ils feront le pareil,
S'il ment, ce ne sont eux qui diront du contraire,
Plutôt auront-ils vu, afin de lui complaire,
La lune en plein midi, à minuit le soleil.

Si quelqu'un devant eux reçoit un bon visage,
Ils le vont caresser, bien qu'ils crèvent de rage :
S'il le reçoit mauvais, ils le montrent au doigt.

Mais ce qui plus contre eux quelquefois me dépite,
C'est quand devant le roi, d'un visage hypocrite,
Ils se prennent à rire, et ne savent pourquoi.

151 *

Je ne te prie pas de lire mes écrits,
Mais je te prie bien qu'ayant fait bonne chère,
Et joué toute nuit aux dés, à la première,
Et au jeu que Vénus t'a sur tous mieux appris,

Tu ne viennes ici défâcher tes esprits,
Pour te moquer des vers que je mets en lumière,
Et que de mes écrits la leçon coutumière,
Par faute d'entretien, ne te serve de ris.

Je te prierai encor, quiconque tu puisse être,
Qui, brave de la langue et faible de la dextre,
De blesser mon renom te montres toujours prêt,

Ne médire de moi : ou prendre patience,
Si ce que ta bonté me prête en conscience,
Tu te le vois par moi rendre à double intérêt.

152

Si mes écrits, Ronsard, sont semés de ton los,
Et si le mien encor tu ne dédaignes dire,

D'être enclos en mes vers ton honneur ne désire,
Et par là je ne cherche en tes vers être enclos.

Laissons donc, je te prie, laissons causer ces sots,
Et ces petits galants, qui, ne sachant que dire,
Disent, voyant Ronsard et Bellay s'entr'écrire,
Que ce sont deux mulets qui se grattent le dos.

Nos louanges, Ronsard, ne font tort à personne :
Et quelle loi défend que l'un à l'autre en donne,
Si les amis entre eux des présents se font bien ?

On peut comme l'argent trafiquer la louange,
Et les louanges sont comme lettres de change,
Dont le change et le port, Ronsard, ne coûte rien.

153 *

On donne les degrés au savant écolier,
On donne les états à l'homme de justice,
On donne au courtisan le riche bénéfice,
Et au bon capitaine on donne le collier :

On donne le butin au brave aventurier,
On donne à l'officier les droits de son office,
On donne au serviteur le gain de son service,
Et au docte poète on donne le laurier.

Pourquoi donc fais-tu tant lamenter Calliope
Du peu de bien qu'on fait à sa gentille troppe ?
Il faut, Jodelle, il faut autre labeur choisir

Que celui de la Muse, à qui veut qu'on l'avance :
Car quel loyer veux-tu avoir de ton plaisir,
Puisque le plaisir même en est la récompense?

154

Si tu m'en crois, Baïf, tu changeras Parnasse
Au palais de Paris, Hélicon au parquet,
Ton laurier en un sac, et ta lyre au caquet
De ceux qui, pour serrer, la main n'ont jamais lasse.

C'est à ce métier-là que les biens on amasse,
Non à celui des vers, où moins y a d'acquêt
Qu'au métier d'un bouffon ou celui d'un naquet.
Fi du plaisir, Baïf, qui sans profit se passe.

Laissons donc, je te prie, ces babillardes sœurs,
Ce causeur Apollon, et ces vaines douceurs,
Qui pour tout leur trésor n'ont que des lauriers verts.

Aux choses de profit, ou celles qui font rire,
Les grands ont aujourd'hui les oreilles de cire,
Mais ils les ont de fer pour écouter les vers.

155

Thiard, qui as changé en plus grave écriture
Ton doux style amoureux : Thiard, qui nous as fait

D'un Pétrarque un Platon, et si rien plus parfait
Se trouve que Platon en la même nature :

Qui n'admire du ciel la belle architecture,
Et de tout ce qu'on voit les causes et l'effet,
Celui vraiment doit être un homme contrefait,
Lequel n'a rien d'humain que la seule figure.

Contemplons donc, Thiard, cette grand' voûte ronde,
Puisque nous sommes faits à l'exemple du monde :
Mais ne tenons les yeux si attachés en haut

Que pour ne les baisser quelquefois vers la terre,
Nous soyons en danger par le heurt d'une pierre
De nous blesser le pied ou de prendre le saut.

156 *

Par ses vers téïens Belleau me fait aimer
Et le vin et l'amour : Baïf, ta challemie
Me fait plus qu'une reine une rustique amie,
Et plus qu'une grand ville un village estimer.

Le docte Pelletier fait mes flancs emplumer,
Pour voler jusqu'au ciel avec son Uranie :
Et par l'horrible effroi d'une étrange harmonie
Ronsard de pied en cap hardi me fait armer.

Mais je ne sais comment ce démon de Jodelle
(Démon est-il vraiment, car d'une voix mortelle
Ne sortent point ses vers) tout soudain que je l'oy,

M'aiguillonne, m'époint, m'épouvante, m'affole,
Et comme Apollon fait de sa prêtresse folle,
A moi-même m'ôtant, me ravit tout à soi.

157

En cependant, Clagny, que de mille arguments
Variant le dessein du royal édifice,
Tu vas renouvelant d'un hardi frontispice
La superbe grandeur des plus vieux monuments,

Avec d'autres compas et d'autres instruments,
Fuyant l'ambition, l'envie et l'avarice,
Aux Muses je bâtis, d'un nouvel artifice,
Un palais magnifique à quatre appartements.

Les Latines auront un ouvrage dorique
Propre à leur gravité, les Grecques un attique
Pour leur naïveté, les Françaises auront

Pour leur grave douceur une œuvre ionienne,
D'ouvrage élaboré à la corinthienne
Sera le corps d'hôtel où les Tusques seront.

158 *

De ce royal palais que bâtiront mes doigts,
Si la bonté du roi me fournit de matière,

Pour rendre sa grandeur et beauté plus entière,
Les ornements seront de traits et d'arcs turquois.

Là d'ordre flanc à flanc se verront tous nos rois,
Là se verra maint faune et nymphe passagère,
Sur le portail sera la vierge forestière,
Avecques son croissant, son arc et son carquois.

L'appartement premier Homère aura pour marque,
Virgile le second, le troisième Pétrarque,
Du surnom de Ronsard le quatrième on dira.

Chacun aura sa forme et son architecture,
Chacun ses ornements, sa grâce et sa peinture,
Et en chacun, Clagny, ton beau nom se lira.

159

De votre Dianet (de votre nom j'appelle
Votre maison d'Anet) la belle architecture,
Les marbres animés, la vivante peinture,
Qui la font estimer des maisons la plus belle :

Les beaux lambris dorés, la luisante chapelle,
Les superbes donjons, la riche couverture,
Le jardin tapissé d'éternelle verdure,
Et la vive fontaine à la source immortelle :

Ces ouvrages, Madame, à qui bien les contemple,
rapportant de l'antiq' le plus parfait exemple,
Montrent un artifice et dépense admirable.

Mais cette grand' douceur jointe à cette hautesse,
Et cet astre bénin joint à cette sagesse,
Trop plus que tout cela vous font émerveillable.

160 *

Entre tous les honneurs dont en France est connu
Ce renommé Bertrand, des moindres n'est celui
Que lui donne la Muse, et qu'on dise de lui
Que par lui un Salel soit riche devenu.

Toi donc, à qui la France a déjà retenu
L'un de ses plus beaux lieux, comme seul aujourd'hui
Où les arts ont fondé leur principal appui,
Quand au lieu qui t'attend tu seras parvenu,

Fais que de ta grandeur ton Magny se ressente,
Afin que si Bertrand de son Salel se vante,
Tu te puisses aussi de ton Magny vanter.

Tous deux sont Quercinois, tous deux bas de stature,
Et ne seraient pas moins semblables d'écriture,
Si Salel avait su plus doucement chanter.

161 *

Prélat, à qui les cieux ce bonheur ont donné
D'être agréable aux rois : prélat, dont la prudence

Par les degrés d'honneur a mis en évidence
Que pour le bien public Dieu t'avait ordonné :

Prélat, sur tous prélats sage et bien fortuné,
Prélat, garde des lois et des sceaux de la France,
Digne que sur ta foi repose l'assurance
D'un roi le plus grand roi qui fut onq couronné :

Devant que t'avoir vu, j'honorais ta sagesse,
Ton savoir, ta vertu, ta grandeur, ta largesse,
Et si rien entre nous se doit plus honorer :

Mais ayant éprouvé ta bonté non pareille,
Qui souvent m'a prêté si doucement l'oreille,
Je souhaite qu'un jour je te puisse adorer.

162

Après s'être bâti sur les murs de Carthage
Un sépulcre éternel, Scipion irrité
De voir à sa vertu ingrate sa cité,
Se bannit de soi-même en un petit village.

Tu as fait, Olivier, mais d'un plus grand courage,
Ce que fit Scipion en son adversité,
Laissant, durant le cours de ta félicité,
La cour, pour vivre à toi le reste de ton âge.

Le bruit de Scipion maint corsaire attirait
Pour contempler celui que chacun admirait,
Bien qu'il fût retiré en son petit Linterne.

On te fait le semblable : admirant ta vertu
D'avoir laissé la cour, et ce monstre têtu,
Ce peuple qui ressemble à la bête de Lerne.

163 *

Il ne faut point, Duthier, pour mettre en évidence
Tant de belles vertus qui reluisent en toi,
Que je te rende ici l'honneur que je te dois,
Célébrant ton savoir, ton sens et ta prudence.

Le bruit de ta vertu est tel que l'ignorance
Ne le peut ignorer : et qui loue le roi,
Il faut qu'il loue encor ta prudence et ta foi :
Car ta gloire est conjointe à la gloire de France.

Je rirai seulement que depuis nos aïeux
La France n'a point vu un plus laborieux
En sa charge que toi, et qu'autre ne se treuve

Plus courtois, plus humain, ni qui ait plus de soin
De secourir l'ami à son plus grand besoin.
J'en parle sûrement, car j'en ai fait l'épreuve.

164 *

Combien que ton Magny ait la plume si bonne,
Si prendrais-je avec lui de tes vertus le soin,

Sachant que Dieu, qui n'a de nos présents besoin,
Demande les présents de plus d'une personne.

Je dirais ton beau nom, qui de lui-même sonne
Ton bruit parmi la France, en Itale, et plus loin :
Et dirais que Henri est lui-même témoin
Combien un Avanson avance sa couronne.

Je dirais ta bonté, ta justice et ta foi,
Et mille autres vertus qui reluisent en toi,
Dignes qu'un seul Ronsard les sacre à la Mémoire :

Mais sentant le souci qui me presse le dos,
Indigne je me sens de toucher à ton los.
Sachant que Dieu ne veut qu'on profane sa gloire.

165

Quand je voudrai sonner de mon grand Avanson
Les moins grandes vertus, sur ma corde plus basse
Je dirai sa faconde et l'honneur de sa face,
Et qu'il est des neuf Sœurs le plus cher nourrisson.

Quand je voudrai toucher avec un plus haut son
Quelque plus grand vertu, je chanterai sa grâce,
Sa bonté, sa grandeur, qui la justice embrasse,
Mais là je ne mettrai le but de ma chanson,

Car quand plus hautement je sonnerai sa gloire,
Je dirai que jamais les filles de Mémoire
Ne diront un plus sage et vertueux que lui,

Plus prompt à son devoir, plus fidèle à son prince,
Ni qui mieux s'accommode au règne d'aujourd'hui,
Pour servir son seigneur en étrange province.

166

Combien que ta vertu, Poulin, soit entendue
Partout où des Français le bruit est entendu,
Et combien que ton nom soit au large étendu
Autant que la grand' mer est au large étendue :

Si faut-il toutefois que Bellay s'évertue,
Aussi bien que la mer, de bruire ta vertu,
Et qu'il sonne de toi avec l'airain tortu
Ce que sonne Triton de sa trompe tortue.

Je dirai que tu es le Tiphys du Jason
Qui doit par ton moyen conquérir la toison,
Je dirai ta prudence et ta vertu notoire :

Je dirai ton pouvoir qui sur la mer s'étend,
Et que les dieux marins te favorisent tant,
Que les terrestres dieux sont jaloux de ta gloire.

167

Sage De L'Hospital, qui seul de notre France
Rabaisses aujourd'hui l'orgueil italien,

Et qui nous montres seul, d'un art horacien,
Comme il faut châtier le vice et l'ignorance :

Si je voulais louer ton savoir, ta prudence,
Ta vertu, ta bonté, et ce qu'est vraiment tien,
A tes perfections je n'ajouterais rien,
Et pauvre me rendrait la trop grande abondance.

Et qui pourrait, bons dieux! faire plus digne foi
Des rares qualités qui reluisent en toi,
Que cette autre Pallas, ornement de notre âge?

Ainsi jusqu'aujourd'hui, ainsi encor voit-on
Être tant renommé le maître de Platon,
Pour ce qu'il eut d'un dieu la voix pour témoignage.

168 *

Nature à votre naître heureusement féconde,
Prodigue, vous donna tout son plus et son mieux,
Soit cette grand douceur qui luit dedans vos yeux,
Soit cette majesté disertement faconde.

Votre rare vertu, qui n'a point de seconde,
Et votre esprit ailé, qui voisine les cieux,
Vous ont donné le lieu le plus prochain des dieux,
Et la plus grand' faveur du plus grand roi du monde.

Bref, vous avez tout seul tout ce qu'on peut avoir
De richesse, d'honneur, de grâce et de savoir :
Que voulez-vous donc plus espérer d'avantage?

Le libre jugement de la postérité,
Qui, encor qu'elle assigne au ciel votre partage,
Ne vous donnera pas ce qu'avez mérité.

169 *

La fortune, Prélat, nous voulant faire voir
Ce qu'elle peut sur nous, a choisi de notre âge
Celui qui de vertu, d'esprit et de courage
S'était le mieux armé encontre son pouvoir.

Mais la vertu, qui n'est apprise à s'émouvoir,
Non plus que le rocher se meut contre l'orage,
Domptera la fortune, et contre son outrage
De tout ce qui lui fault se saura bien pourvoir.

Comme cette vertu immuable demeure,
Ainsi le cours du ciel se change d'heure en heure.
Aidez-vous donc, Seigneur, de vous-même au besoin,

Et joyeux attendez la saison plus prospère,
Qui vous doit ramener votre oncle et votre frère :
Car et d'eux et de vous le ciel a pris le soin.

170 *

Ce n'est pas sans propos qu'en vous le ciel a mis
Tant de beautés d'esprit et de beautés de face,

Tant de royal honneur et de royale grâce,
Et que plus que cela vous est encor promis.

Ce n'est pas sans propos que les destins amis,
Pour rabaisser l'orgueil de l'espagnole audace,
Soit par droit d'alliance ou soit par droit de race,
Vous ont par leurs arrêts trois grands peuples soumis.

Ils veulent que par vous la France et l'Angleterre
Changent en longue paix l'héréditaire guerre
Qui a de père en fils si longuement duré :

Ils veulent que par vous la belle vierge Astrée
En ce siècle de fer refasse encore entrée,
Et qu'on revoie encor le beau siècle doré.

171 *

Muse, qui autrefois chantas la verte Olive,
Empenne tes deux flancs d'une plume nouvelle,
Et te guidant au ciel avecques plus haute aile,
Vole où est d'Apollon la belle plante vive.

Laisse, mon cher souci, la paternelle rive,
Et portant désormais une charge plus belle,
Adore ce haut nom dont la gloire immortelle
De notre pôle arctique à l'autre pôle arrive.

Loue l'esprit divin, le courage indomptable,
La courtoise douceur, la bonté charitable,
Qui soutient la grandeur et la gloire de France.

Et dis : Cette princesse et si grande et si bonne
Porte dessus son chef de France la couronne :
Mais dis cela si haut, qu'on l'entende à Florence.

172 *

Digne fils de Henri, notre Hercule gaulois,
Notre second espoir, qui portes sur ta face
Retraite au naturel la maternelle grâce,
Et gravée en ton cœur la vertu de Valois :

Cependant que le ciel, qui jà dessous tes lois
Trois peuples a soumis, armera ton audace
D'une plus grand vigueur, suis ton père à la trace,
Et apprends à dompter l'Espagnol et l'Anglois.

Voici de la vertu la pénible montée,
Qui par le seul travail veut être surmontée :
Voilà de l'autre part le grand chemin battu,

Où au séjour du vice on monte sans échelle.
Deçà, Seigneur, deçà, où la vertu t'appelle,
Hercule se fit dieu par la seule vertu.

173 *

La grecque poésie orgueilleuse se vante
Du los qu'à son Homère Alexandre donna,

Et les vers que César de Virgile sonna,
La latine aujourd'hui les chante et les rechante.

La française qui n'est tant que ces deux savante,
Comme qui son Homère et son Virgile n'a,
Maintient que le laurier qui François couronna
Baste seul pour la rendre à tout jamais vivante.

Mais les vers qui l'ont mise encore en plus haut prix
Sont les vôtres, Madame, et ces divins écrits
Que mourant nous laissa la reine votre mère.

O poésie heureuse, et bien digne des rois,
De te pouvoir vanter des écrits navarrois,
Qui t'honorent trop plus qu'un Virgile ou Homère!

174 *

Dans l'enfer de son corps mon esprit attaché
(Et cet enfer, Madame, a été mon absence)
Quatre ans et davantage a fait la pénitence
De tous les vieux forfaits dont il fut entaché.

Ores, grâces aux dieux, ore' il est relâché
De ce pénible enfer, et par votre présence
Réduit au premier point de sa divine essence,
A déchargé son dos du fardeau de péché :

Ores sous la faveur de vos grâces prisées,
Il jouit du repos des beaux Champs-Élysées,
Et si n'a volonté d'en sortir jamais hors.

Donques, de l'eau d'oubli ne l'abreuvez, Madame,
De peur qu'en la buvant nouveau désir l'enflamme
De retourner encor dans l'enfer de son corps.

175

Non pour ce qu'un grand roi ait été votre père,
Non pour votre degré et royale hauteur,
Chacun de votre nom veut être le chanteur,
Ni pour ce qu'un grand roi soit ores votre frère.

La nature, qui est de tous commune mère,
Vous fit naître, Madame, avecques ce grand heur,
Et ce qui accompagne une telle grandeur,
Ce sont souvent des dons de fortune prospère.

Ce qui vous fait ainsi admirer d'un chacun,
C'est ce qui est tout vôtre, et qu'avec vous commun
N'ont tous ceux-là qui ont couronnes sur leurs têtes :

Cette grâce et douceur, et ce je ne sais quoi,
Que quand vous ne seriez fille ni sœur de roi,
Si vous jugerait-on être ce que vous êtes.

176

Esprit royal, qui prends de lumière éternelle
Ta seule nourriture et ton accroissement,

Et qui de tes beaux rais en notre entendement
Produis ce haut désir qui au ciel nous rappelle,

N'aperçois-tu combien par ta vive étincelle
La vertu luit en moi? n'as-tu point sentiment
Par l'œil, l'ouïe, l'odeur, le goût, l'attouchement,
Que sans toi ne reluit chose aucune mortelle?

Au seul objet divin de ton image pure
Se meut tout mon penser, qui par la souvenance
De ta haute bonté tellement se rassure,

Que l'âme et le vouloir ont pris même assurance
(Chassant tout appétit et toute vile cure)
De retourner au lieu de leur première essence.

177

Si la vertu, qui est de nature immortelle,
Comme immortelles sont les semences des cieux,
Ainsi qu'à nos esprits, se montrait à nos yeux,
Et nos sens hébétés étaient capables d'elle,

Non ceux-là seulement qui l'imaginent telle,
Et ceux auxquels le vice est un monstre odieux,
Mais on verrait encor les mêmes vicieux
Épris de sa beauté, des beautés la plus belle.

Si tant aimable donc serait cette vertu
A qui la pourrait voir, Vineus, t'ébahis-tu
Si j'ai de ma princesse au cœur l'image empreinte?

Si sa vertu j'adore, et si d'affection
Je parle si souvent de sa perfection,
Vu que la vertu même en son visage est peinte?

178 *

Quand d'une douce ardeur doucement agité
J'userais quelquefois en louant ma princesse
Des termes d'*adorer*, de *céleste* ou *déesse*,
Et ces titres qu'on donne à la divinité,

Je ne craindrais, Melin, que la postérité
Appelât pour cela ma Muse flatteresse :
Mais en louant ainsi sa royale hautesse,
Je craindrais d'offenser sa grande humilité.

L'antique vanité avecques tels honneurs
Soulait idolâtrer les princes et seigneurs :
Mais le chrétien, qui met ces termes en usage,

Il n'est pas pour cela idolâtre ou flatteur :
Car en donnant de tout la gloire au Créateur,
Il loue l'ouvrier même, en louant son ouvrage.

179 *

Voyant l'ambition, l'envie, et l'avarice,
La rancune, l'orgueil, le désir aveuglé,

Dont cet âge de fer de vices tout rouillé
A violé l'honneur de l'antique justice :

Voyant d'une autre part la fraude, la malice,
Le procès immortel, le droit mal conseillé :
Et voyant au milieu du vice déréglé
Cette royale fleur, qui ne tient rien du vice :

Il me semble, Dorat, voir au ciel revolés
Des antiques vertus les escadrons ailés,
N'ayant rien délaissé de leur saison dorée

Pour réduire le monde à son premier printemps,
Fors cette Marguerite, honneur de notre temps,
Qui, comme l'espérance, est seule demeurée.

180

De quelque autre sujet que j'écrive, Jodelle,
Je sens mon cœur transi d'une morne froideur,
Et ne sens plus en moi cette divine ardeur
Qui t'enflamme l'esprit de sa vive étincelle.

Seulement quand je veux toucher le los de celle
Qui est de notre siècle et la perle et la fleur,
Je sens revivre en moi cette antique chaleur,
Et mon esprit lassé prendre force nouvelle.

Bref, je suis tout changé, et si ne sais comment,
Comme on voit se changer la vierge en un moment,
A l'approcher du Dieu qui telle la fait être.

D'où vient cela, Jodelle? il vient, comme je crois,
Du sujet, qui produit naïvement en moi
Ce que par art contraint les autres y font naître.

181

Ronsard, j'ai vu l'orgueil des colosses antiques,
Les théâtres en rond ouverts de tous côtés,
Les colonnes, les arcs, les hauts temples voûtés,
Et les sommets pointus des carrés obélisques.

J'ai vu des empereurs les grands thermes publiques,
J'ai vu leurs monuments que le temps a domptés,
J'ai vu leurs beaux palais que l'herbe a surmontés,
Et des vieux murs romains les poudreuses reliques.

Bref, j'ai vu tout cela que Rome a de nouveau,
De rare, d'excellent, de superbe et de beau :
Mais je n'y ai point vu encore si grand chose

Que cette Marguerite, où semble que les cieux,
Pour effacer l'honneur de tous les siècles vieux,
De leurs plus beaux présents ont l'excellence enclose.

182

Je ne suis pas de ceux qui robent la louange,
Fraudant indignement les hommes de valeur,

Ou qui, changeant la noire à la blanche couleur,
Savent, comme l'on dit, faire d'un diable un ange.

Je ne fais point valoir, comme un trésor étrange,
Ce que vantent si haut nos marcadants d'honneur,
Et si ne cherche point que quelque grand seigneur
Me baille pour des vers des biens en contr'échange.

Ce que je quiers, Gournay, de cette sœur de roi,
Que j'honore, révère, admire comme toi,
C'est que de la louer sa bonté me dispense,

Puisqu'elle est de mes vers le plus louable objet :
Car en louant, Gournay, si louable sujet,
Le los que je m'acquiers m'est trop grand' récompense.

183

Morel, quand quelquefois je perds le temps à lire
Ce que font aujourd'hui nos trafiqueurs d'honneurs,
Je ris de voir ainsi déguiser ces seigneurs,
Desquels (comme l'on dit) ils font comme de cire.

Et qui pourrait, bons dieux! se contenir de rire
Voyant un corbeau peint de diverses couleurs,
Un pourceau couronné de roses et de fleurs,
Ou le portrait d'un âne accordant une lyre?

La louange, à qui n'a rien de louable en soi,
Ne sert que de le faire à tous montrer au doigt,
Mais elle est le loyer de cil qui la mérite.

C'est ce qui fait, Morel, que si mal volontiers
Je dis ceux dont le nom fait rougir les papiers,
Et que j'ai si fréquent celui de Marguerite.

184

Celui qui de plus près atteint la déité,
Et qui au ciel, Bouju, vole de plus haute aile,
C'est celui qui, suivant la vertu immortelle,
Se sent moins du fardeau de notre humanité.

Celui qui n'a des dieux si grand' félicité
L'admire toutefois comme une chose belle,
Honore ceux qui l'ont, se montre amoureux d'elle,
Il a le second rang, ce semble, mérité.

Comme au premier je tends d'aile trop faible et basse,
Ainsi je pense avoir au second quelque place :
Et comment puis-je mieux le second mériter

Qu'en louant cette fleur, dont le vol admirable,
Pour gagner du premier le lieu plus honorable,
Ne laisse rien ici qui la puisse imiter ?

185 *

Quand cette belle fleur premièrement je vis,
Qui notre âge de fer de ses vertus redore,

Bien que sa grand' valeur je ne connusse encore,
Si fus-je en la voyant de merveille ravi.

Depuis, ayant le cours de fortune suivi,
Où le Tibre tortu de jaune se colore,
Et voyant ces grands dieux, que l'ignorance adore,
Ignorants, vicieux et méchants à l'envi :

Alors, Forget, alors cette erreur ancienne,
Qui n'avait bien connu ta princesse et la mienne,
La venant à revoir, se dessilla les yeux :

Alors je m'aperçus qu'ignorant son mérite
J'avais, sans la connaître, admiré Marguerite,
Comme, sans les connaître, on admire les cieux.

186

La jeunesse, Du Val, jadis me fit écrire
De cet aveugle archer qui nous aveugle ainsi :
Puis, fâché de l'Amour, et de sa mère aussi,
Les louanges des rois j'accordai sur ma lyre.

Ores je ne veux plus tels arguments élire,
Ains je veux, comme toi, point d'un plus haut souci,
Chanter de ce grand roi, dont le grave sourcil
Fait trembler le céleste et l'infernal empire.

Je veux chanter de Dieu. Mais pour bien le chanter,
Il faut d'un avant-jeu ses louanges tenter,
Louant, non la beauté de cette masse ronde,

Mais cette fleur, qui tient encore un plus beau lieu :
Car comme elle est, Du Val, moins parfaite que Dieu,
Aussi l'est-elle plus que le reste du monde.

187

Buchanan, qui d'un vers aux plus vieux comparable
Le surnom de sauvage ôtes à l'Écossais,
Si j'avais Apollon facile en mon français,
Comme en ton grec tu l'as, et latin favorable,

Je ne ferais monter, spectacle misérable,
Dessus un échafaud les misères des rois,
Mais je rendrais partout d'une plus douce voix
Le nom de Marguerite aux peuples admirable :

Je dirais ses vertus, et dirais que les cieux,
L'ayant fait naître ici d'un temps si vicieux
Pour être l'ornement et la fleur de son âge,

N'ont moins en cet endroit démontré leur savoir,
Leur pouvoir, leur vertu, que les Muses d'avoir
Fait naître un Buchanan de l'Écosse sauvage.

188 *

Paschal, je ne veux point Jupiter assommer,
Ni, comme fit Vulcain, lui rompre la cervelle,

Pour en tirer dehors une Pallas nouvelle,
Puisqu'on veut de ce nom ma princesse nommer.

D'un effroyable armet je ne la veux armer,
Ni de ce que du nom d'une chèvre on appelle,
Et moins pour avoir vu sa Gorgone cruelle,
Veux-je en nouveaux cailloux les hommes transformer.

Je ne veux déguiser ma simple poésie
Sous le masque emprunté d'une fable moisie,
Ni souiller un beau nom de monstres tant hideux :

Mais suivant, comme toi, la véritable histoire,
D'un vers non fabuleux je veux chanter sa gloire
A nous, à nos enfants, et ceux qui naîtront d'eux.

189

Cependant, Pelletier, que dessus ton Euclide
Tu montres ce qu'en vain ont tant cherché les vieux,
Et qu'en dépit du vice et du siècle envieux
Tu te guindes au ciel comme un second Alcide :

L'amour de la vertu, ma seule et sûre guide,
Comme un cygne nouveau me conduit vers les cieux,
Où, en dépit d'envie et du temps vicieux,
Je remplis d'un beau nom ce grand espace vide.

Je voulais, comme toi, les vers abandonner,
Pour à plus haut labeur, plus sage, m'adonner :
Mais puisque la vertu à la louer m'appelle,

Je veux de la vertu les honneurs raconter :
Avecques la vertu je veux au ciel monter.
Pourrais-je au ciel monter avecques plus haute aile ?

190

Dessous ce grand François, dont le bel astre luit
Au plus beau lieu du ciel, la France fut enceinte
Des lettres et des arts, et d'une troupe sainte
Que depuis sous Henri féconde elle a produit :

Mais elle n'eut plutôt fait montre d'un tel fruit,
Et plutôt ce beau part n'eut la lumière atteinte,
Que je ne sais comment sa clarté fut éteinte,
Et vit en même temps et son jour et sa nuit.

Hélicon est tari, Parnasse est une plaine,
Les lauriers sont séchés, et France, autrefois pleine
De l'esprit d'Apollon, ne l'est plus que de Mars.

Phœbus s'enfuit de nous, et l'antique ignorance
Sous la faveur de Mars retourne encore en France,
Si Pallas ne défend les lettres et les arts.

191 *

Sire, celui qui est a formé toute essence
De ce qui n'était rien. C'est l'œuvre du Seigneur :

Aussi tout honneur doit fléchir à son honneur,
Et tout autre pouvoir céder à sa puissance.

On voit beaucoup de rois, qui sont grands d'apparence :
Mais nul, tant soit-il grand, n'aura jamais tant d'heur
De pouvoir à la vôtre égaler sa grandeur :
Car rien n'est après Dieu si grand qu'un roi de France.

Puis donc que Dieu peut tout, et ne se trouve lieu
Lequel ne soit enclos sous le pouvoir de Dieu,
Vous, de qui la grandeur de Dieu seul est enclose,

Élargissez encor sur moi votre pouvoir,
Sur moi, qui ne suis rien : afin de faire voir
Que de rien un grand roi peut faire quelque chose.

La Défense
et Illustration
de la Langue française

A MONSEIGNEUR LE RÉVÉRENDISSIME

CARDINAL DU BELLAY

S. [1]

Vu le personnage que tu joues au spectacle de toute l'Europe, voire de tout le monde, en ce grand théâtre romain, vu tant d'affaires, et tels, que seul quasi tu soutiens : ô l'honneur du sacré Collège ! pécherais-je pas (comme dit le Pindare latin [2]) contre le bien public, si par longues paroles j'empêchais le temps que tu donnes au service de ton prince, au profit de la patrie, et à l'accroissement de ton immortelle renommée ? Épiant donc quelque heure de ce peu de relais que tu prends pour respirer sous le pesant faix des affaires françaises (charge vraiment digne de si robustes épaules, non moins que le Ciel de celles du grand Hercule), ma Muse a pris la hardiesse d'entrer au sacré cabinet de tes saintes et studieuses occupations : et là, entre tant de riches et excellents vœux de jour en jour dédiés à l'image de ta grandeur, pendre le sien humble et petit : mais toutefois bien heureux s'il rencontre quelque faveur devant les yeux de ta bonté, semblable à celle des dieux immortels, qui n'ont moins agréables les pauvres présents d'un bien riche vouloir que ces superbes et ambitieuses offrandes. C'est en effet la Défense et Illustration de notre langue française, à l'entreprise de laquelle rien ne m'a induit, que l'affection naturelle envers ma patrie, et à te la dédier, que la grandeur de ton nom : afin qu'elle se cache (comme sous le bouclier d'Ajax) contre les traits envenimés de cette antique ennemie

*de vertu, sous l'ombre de tes ailes. De toi dis-je, dont l'incompa-
rable savoir, vertu et conduite, toutes les plus grandes choses,
de si long temps de tout le monde sont expérimentées, que je
ne les saurais plus au vif exprimer, que les couvrant (suivant
la ruse de ce noble peintre Timanthe) sous le voile de silence.
Pour ce que d'une si grande chose il vaut trop mieux (comme
de Carthage disait Tite-Live) se taire du tout que d'en dire
peu. Reçois donc avec cette accoutumée bonté, qui ne te rend
moins aimable entre les plus petits que ta vertu et autorité
vénérable entre les plus grands, les premiers fruits, ou pour
mieux dire, les premières fleurs du printemps de celui qui
en toute révérence et humilité baise les mains de ta R. S.* [3].
*Priant le Ciel te départir autant d'heureuse et longue vie, et
à tes hautes entreprises être autant favorable, comme envers toi
il a été libéral, voire prodigue de ses grâces.*

A Dieu. De Paris ce 15 de février 1549.

L'auteur prie les lecteurs différer leur jugement jusques à la fin du livre, et ne le condamner sans avoir premièrement bien vu et examiné ses raisons.

LIVRE PREMIER [4]

CHAPITRE PREMIER

L'Origine des langues.

Si la nature (dont quelque personnage de grande renommée non sans raison a douté si on la devait appeler mère ou marâtre) eût donné aux hommes un commun vouloir et consentement, outre les innumérables commodités qui en fussent procédées, l'inconstance humaine n'eût eu besoin de se forger tant de manières de parler. Laquelle diversité et confusion se peut à bon droit appeler la Tour de Babel. Donc les langues ne sont nées d'elles-mêmes en façon d'herbes, racines et arbres : les unes infirmes et débiles en leurs espèces, les autres saines et robustes, et plus aptes à porter le faix des conceptions humaines; mais toute leur vertu est née au monde du vouloir et arbitre des mortels. Cela (ce me semble) est une grande raison pourquoi on ne doit ainsi louer une langue et blâmer l'autre, vu qu'elles viennent toutes d'une même source et origine : c'est la fantaisie des hommes; et ont été formées d'un même jugement à une même fin : c'est pour signifier entre nous les conceptions et intelligences de l'esprit. Il est vrai que par succession de temps les unes, pour avoir été plus curieusement réglées, sont devenues plus riches que les autres; mais cela ne se doit attribuer à la félicité desdites langues, ainsi au seul

artifice et industrie des hommes. Ainsi donc toutes les
choses que la nature a créées, tous les arts et sciences en
toutes les quatre parties du monde, sont chacune endroit
soi une même chose : mais pource que les hommes sont
de divers vouloir, ils en parlent et écrivent diversement.
A ce propos, je ne puis assez blâmer la sotte arrogance
et témérité d'aucuns de notre nation, qui, n'étant rien
moins que grecs ou latins, déprisent et rejettent d'un
sourcil plus que stoïque toutes choses écrites en fran-
çais : et ne me puis assez émerveiller de l'étrange opi-
nion d'aucuns savants, qui pensent que notre vulgaire
soit incapable de toutes bonnes lettres et érudition :
comme si une invention pour le langage seulement devait
être jugée bonne ou mauvaise. A ceux-là je n'ai entrepris
de satisfaire. A ceux-ci je veux bien (s'il m'est possible)
faire changer d'opinion par quelques raisons que
brièvement j'espère déduire : non que je me sente plus
clairvoyant en cela, ou autres choses, qu'ils ne sont,
mais pour ce que l'affection qu'ils portent aux langues
étrangères ne permet qu'ils veuillent faire sain et entier
jugement de leur vulgaire.

CHAPITRE II

Que la langue française ne doit être nommée barbare.

Pour commencer donc à entrer en matière, quant
à la signification de ce mot *barbare* : barbares ancien-
nement étaient nommés ceux qui ineptement parlaient
grec. Car comme les étrangers venant à Athènes s'effor-

çaient de parler grec, ils tombaient souvent en cette voix absurde βάρβαρας. Depuis les Grecs transportèrent ce nom aux mœurs brutaux et cruels, appelant toutes nations, hors la Grèce, barbares. Ce qui ne doit en rien diminuer l'excellence de notre langue : vu que cette arrogance grecque, admiratrice seulement de ses inventions, n'avait loi ni privilège de légitimer ainsi sa nation et abâtardir les autres; comme Anacharsis disait que les Scythes étaient barbares entre les Athéniens, mais les Athéniens aussi entre les Scythes. Et quand la barbarie des mœurs de nos ancêtres eût dû les mouvoir à nous appeler barbares, si est-ce que je ne vois point pourquoi on nous doive maintenant estimer tels; vu qu'en civilité de mœurs, équité de lois, magnanimité de courages, bref en toutes formes et manières de vivre non moins louables que profitables, nous ne sommes rien moins qu'eux : mais bien plus, vu qu'ils sont tels maintenant que nous les pouvons justement appeler par le nom qu'ils ont donné aux autres. Encore moins doit avoir lieu de ce que les Romains nous ont appelés barbares, vu leur ambition et insatiable faim de gloire, qui tâchaient non seulement à subjuguer, mais à rendre toutes autres nations viles et abjectes auprès d'eux : principalement les Gaulois, dont ils ont reçu plus de honte et dommage que des autres. A ce propos, songeant beaucoup de fois d'où vient que les gestes du peuple romain sont tant célébrés de tout le monde, voire de si long intervalle préférés à ceux de toutes les autres nations ensemble, je ne trouve point plus grande raison que celle-ci : c'est que les Romains ont eu si grande multitude d'écrivains que la plupart de leurs gestes (pour ne dire pis) par l'espace de tant d'années, ardeur de batailles, vastité d'Italie, incursions d'étrangers, s'est conservée entière jusques à notre temps. Au contraire les faits des autres nations, singulièrement des Gaulois, avant qu'ils tombassent en la puissance des Français, et les faits des Français mêmes depuis qu'ils ont donné leur nom aux Gaules, ont été si mal recueillis, que nous en avons quasi perdu non seulement la gloire, mais la mémoire. A quoi a bien aidé l'envie des Romains, qui comme par une certaine conjuration conspirant contre nous, ont exténué en tout ce qu'ils ont pu nos louanges belliques, dont ils ne pouvaient endurer la clarté : et non seulement nous ont fait tort en cela, mais pour nous rendre encore plus odieux et contemptibles, nous ont appelés brutaux, cruels et barbares. Quelqu'un dira : Pourquoi ont-ils exempté les Grecs de ce nom? Pource qu'ils se fussent fait plus grand tort qu'aux Grecs mêmes, dont ils avaient emprunté tout ce qu'ils avaient de bon, au moins quant aux sciences et illustration de leur langue. Ces raisons me semblent suffisantes de faire entendre à tout équitable estimateur des choses que notre langue (pour avoir été nommés barbares ou de nos ennemis ou de ceux qui n'avaient loi de nous bailler ce nom) ne doit pourtant être déprisée, même de ceux auxquels elle est propre et naturelle, et qui en rien ne sont moindres que les Grecs ou Romains.

CHAPITRE III

Pourquoi la langue française n'est pas si riche que la grecque et latine.

Et si notre langue n'est si copieuse et riche que la grecque ou latine, cela ne doit être imputé au défaut d'icelle, comme si d'elle-même elle ne pouvait jamais être sinon pauvre et stérile : mais bien on le doit attribuer à l'ignorance de nos majeurs, qui ayant (comme dit quelqu'un, parlant des anciens Romains) en plus grande recommandation le bien faire que le bien dire, et mieux aimant laisser à leur postérité les exemples de vertu que les préceptes, se sont privés de la gloire de leurs bienfaits, et nous du fruit de l'imitation d'iceux : et par même moyen nous ont laissé notre langue si pauvre et nue qu'elle a besoin des ornements et (s'il faut ainsi parler) des plumes d'autrui. Mais qui voudrait dire que la grecque et romaine eussent toujours été en l'excellence qu'on les a vues du temps d'Homère et de Démosthène, de Virgile et de Cicéron? Et si ces auteurs eussent jugé que jamais, pour quelque diligence et culture qu'on y eût pu faire, elles n'eussent su produire plus grand fruit, se fussent-ils tant efforcés de les mettre au point où nous les voyons maintenant? Ainsi puis-je dire de notre langue, qui commence encore à fleurir sans fructifier, ou plutôt, comme une plante et vergette, n'a point encore fleuri, tant se faut qu'elle ait apporté tout le fruit qu'elle pourrait bien produire. Cela, certainement, non pour le défaut de la nature d'elle, aussi apte à engendrer que les autres : mais pour la coulpe de ceux qui l'ont eue en garde, et ne l'ont cultivée à suffisance, ainsi comme une plante sauvage, en celui même désert où elle avait commencé à naître, sans jamais l'arroser, la tailler, ni défendre des ronces et épines qui lui faisaient ombre, l'ont laissée envieillir et quasi mourir. Que si les anciens Romains eussent été aussi négligents à la culture de leur langue, quand premièrement elle commença à pulluler, pour certain en si peu de temps elle ne fût devenue si grande. Mais eux, en guise de bons agriculteurs, l'ont premièrement transmuée d'un lieu

sauvage en un domestique : puis afin que plus tôt et
mieux elle pût fructifier, coupant à l'entour les inutiles
rameaux, l'ont pour échange d'iceux restaurée de
rameaux francs et domestiques, magistralement tirés de
la langue grecque, lesquels soudainement se sont si
bien entés et faits semblables à leur tronc que désor-
mais n'apparaissent plus adoptifs, mais naturels. De là
sont nées en la langue latine ces fleurs et ces fruits colo-
rés de cette grande éloquence, avec ces nombres et cette
liaison si artificielle, toutes lesquelles choses, non tant
de sa propre nature que par artifice, toute langue a
coutume de produire. Donc si les Grecs et Romains,
plus diligents à la culture de leurs langues que nous
à celle de la nôtre, n'ont pu trouver en icelles, sinon
avec grand labeur et industrie, ni grâce, ni nombre,
ni finalement aucune éloquence, nous devons nous
émerveiller si notre vulgaire n'est si riche comme il
pourra bien être, et de là prendre occasion de le mépri-
ser comme chose vile et de petit prix? Le temps vien-
dra (peut-être), et je l'espère moyennant la bonne desti-
née française, que ce noble et puissant royaume obtien-
dra à son tour les rênes de la monarchie, et que notre
langue (si avec Français n'est du tout ensevelie la langue
française) qui commence encore à jeter ses racines,
sortira de terre, et s'élèvera en telle hauteur et grosseur
qu'elle se pourra égaler aux mêmes Grecs et Romains,
produisant comme eux des Homères, Démosthènes,
Virgiles et Cicérons, aussi bien que la France a quelque-
fois produit des Périclès, Nicias, Alcibiades, Thémis-
tocles, Césars et Scipions.

CHAPITRE IV

Que la langue française n'est si pauvre
que beaucoup l'estiment.

Je n'estime pourtant notre vulgaire, tel qu'il est
maintenant, être si vil et abject, comme le font ces
ambitieux admirateurs des langues grecque et latine,
qui ne penseraient, et fussent-ils la même Pythô, déesse
de persuasion, pouvoir rien dire de bon, si n'était en
langage étranger et non entendu du vulgaire. Et qui vou-
dra de bien près y regarder trouvera que notre langue
française n'est si pauvre qu'elle ne puisse rendre fidèle-
ment ce qu'elle emprunte des autres, si infertile qu'elle
ne puisse produire de soi quelque fruit de bonne inven-
tion, au moyen de l'industrie et diligence des cultivateurs
d'icelle, si quelques-uns se trouvent tant amis de leur
pays et d'eux-mêmes qu'ils s'y veuillent employer.
Mais à qui, après Dieu, rendrons-nous grâces d'un tel
bénéfice, sinon à notre feu bon roi et père François,
premier de ce nom et de toutes vertus ? Je dis premier,
d'autant qu'il a en son noble royaume premièrement
restitué tous les bons arts et sciences en leur ancienne
dignité : et si à notre langage, auparavant scabreux et
mal poli, rendu élégant, et sinon tant copieux qu'il
pourra bien être, pour le moins fidèle interprète de tous
les autres ? Et qu'ainsi soit, philosophes, historiens,
médecins, poètes, orateurs grecs et latins, ont appris à
parler français. Que dirai-je des Hébreux ? Les Saintes
Lettres donnent ample témoignage de ce que je dis.
Je laisserai en cet endroit les superstitieuses raisons de

ceux qui soutiennent que les mystères de la théologie ne doivent être découverts et quasi comme profanés en langage vulgaire, et ce que vont alléguant ceux qui sont d'opinion contraire. Car cette disputation n'est propre à ce que j'ai entrepris, qui est seulement de montrer que notre langue n'a point eu à sa naissance les dieux et les astres si ennemis qu'elle ne puisse un jour parvenir au point d'excellence et de perfection aussi bien que les autres, entendu que toutes sciences se peuvent fidèlement et copieusement traiter en icelle, comme on peut voir en si grand nombre de livres grecs et latins, voire bien italiens, espagnols et autres, traduits en français par maintes excellentes plumes de notre temps.

CHAPITRE V

Que les traductions ne sont suffisantes
pour donner perfection à la langue française.

Toutefois ce tant louable labeur de traduire ne me semble moyen unique et suffisant pour élever notre vulgaire à l'égal et parangon des autres plus fameuses langues. Ce que je prétends prouver si clairement que nul n'y voudra (ce crois-je) contredire, s'il n'est manifeste calomniateur de la vérité. Et premier, c'est une chose accordée entre tous les meilleurs auteurs de rhétorique qu'il y a cinq parties de bien dire, l'invention, l'élocution, la disposition, la mémoire et la prononciation [5]. Or pour autant que ces deux dernières ne s'apprennent tant par le bénéfice des langues, comme elles sont données à chacun selon la félicité de sa nature, augmen-

tées et entretenues par studieux exercice et continuelle
diligence, pour autant aussi que la disposition gît plus
en la discrétion et bon jugement de l'orateur qu'en certai-
nes règles et préceptes; vu que les événements du temps,
la circonstance des lieux, la condition des personnes et
la diversité des occasions sont innumérables : je me
contenterai de parler des deux premières, savoir de l'in-
vention et de l'élocution. L'office donc de l'orateur
est de chacune chose proposée élégamment et copieu-
sement parler. Or cette faculté de parler ainsi de toutes
choses ne se peut acquérir que par l'intelligence parfaite
des sciences [6], lesquelles ont été premièrement traitées
par les Grecs, et puis par les Romains imitateurs d'iceux.
Il faut donc nécessairement que ces deux langues soient
entendues de celui qui veut acquérir cette copie et
richesse d'invention, première et principale pièce du
harnois de l'orateur. Et quant à ce point, les fidèles
traducteurs peuvent grandement servir et soulager
ceux qui n'ont le moyen unique de vaquer aux langues
étrangères. Mais quant à l'élocution, partie certes la
plus difficile, et sans laquelle toutes autres choses restent
comme inutiles et semblables à un glaive encore couvert
de sa gaine, élocution (dis-je) par laquelle principalement
un orateur est jugé plus excellent, et un genre de dire
meilleur que l'autre —, comme celle dont est appelée
la même éloquence —, et dont la vertu gît aux mots
propres, usités, et non aliénés du commun usage de
parler, aux métaphores, allégories, comparaisons, simi-
litudes, énergies, et tant d'autres figures et ornements,
sans lesquels toute oraison et poème sont nuls, man-
qués et débiles : je ne croirai jamais qu'on puisse bien
apprendre tout cela des traducteurs, pource qu'il est
impossible de le rendre avec la même grâce dont l'auteur
en a usé; d'autant que chacune langue a je ne sais quoi

propre seulement à elle, dont si vous efforcez exprimer
le naïf en une autre langue, observant la loi de traduire,
qui est n'espacer point hors des limites de l'auteur,
votre diction sera contrainte, froide, et de mauvaise
grâce. Et qu'ainsi soit, qu'on me lise un Démosthène
et Homère latins, un Cicéron et Virgile français, pour
voir s'ils vous engendreront telles affections, voire ainsi
qu'un Protée vous transformeront en diverses sortes,
comme vous sentez, lisant ces auteurs en leurs langues.
Il vous semblera passer de l'ardente montagne d'Aethne
sur le froid sommet de Caucase. Et ce que je dis des
langues latine et grecque se doit réciproquement dire
de tous les vulgaires, dont j'alléguerai seulement un
Pétrarque, duquel j'ose bien dire que si Homère et Vir-
gile renaissants avaient entrepris de le traduire, ils ne le
pourraient rendre avec la même grâce et naïveté qu'il est
en son vulgaire toscan. Toutefois, quelques-uns de
notre temps ont entrepris de le faire parler français.
Voilà en bref les raisons qui m'ont fait penser que l'office
et diligence des traducteurs, autrement fort utile pour
instruire les ignorants des langues étrangères en la
connaissance des choses, n'est suffisante pour donner
à la nôtre cette perfection, et, comme font les peintres
à leurs tableaux, cette dernière main que nous désirons.
Et si les raisons que j'ai alléguées ne semblent assez for-
tes, je produirai pour mes garants et défenseurs les
anciens auteurs romains, poètes principalement et ora-
teurs, lesquels (combien que Cicéron ait traduit quelques
livres de Xénophon et d'Arate [7], et qu'Horace baille
les préceptes de bien traduire) ont vaqué à cette partie
plus pour leur étude et profit particulier que pour le
publier à l'amplification de leur langue, à leur gloire et
commodité d'autrui. Si aucuns ont vu quelques œuvres
de ce temps-là sous titre de traduction, j'entends de

Cicéron, de Virgile et de ce bienheureux siècle d'Auguste, ils me pourraient démentir de ce que je dis.

CHAPITRE VI

Des mauvais traducteurs, et de ne traduire les poètes.

Mais que dirai-je d'aucuns, vraiment mieux dignes d'être appelés traditeurs [8] que traducteurs? vu qu'ils trahissent ceux qu'ils entreprennent exposer, les frustrant de leur gloire, et par même moyen séduisent les lecteurs ignorants, leur montrant le blanc pour le noir; qui, pour acquérir le nom de savants, traduisent à crédit les langues, dont jamais ils n'ont entendu les premiers éléments, comme l'hébraïque et la grecque : et encore pour mieux se faire valoir, se prennent aux poètes, genre d'auteurs certes auquel, si je savais ou voulais traduire, je m'adresserais aussi peu, à cause de cette divinité d'invention qu'ils ont plus que les autres, de cette grandeur de style, magnificence de mots, gravité de sentences, audace et variété de figures, et mille autres lumières de poésie : bref cette énergie, et ne sais quel esprit, qui est en leurs écrits, que les Latins appelleraient *genius*. Toutes lesquelles choses se peuvent autant exprimer en traduisant, comme un peintre peut représenter l'âme avec le corps de celui qu'il entreprend tirer après le naturel. Ce que je dis ne s'adresse pas à ceux qui, par le commandement des princes et grands seigneurs, traduisent les plus fameux poètes grecs et latins : pour ce que l'obéissance qu'on doit à tels personnages ne reçoit aucune excuse en cet endroit; mais bien j'entends parler à ceux qui de gaieté de cœur (comme on dit) entreprennent telles choses légèrement et s'en acquittent de même. O Apollon! O Muses! profaner ainsi les sacrées reliques de l'Antiquité? Mais je n'en dirai autre chose. Celui donc qui voudra faire œuvre digne de prix en son vulgaire, laisse ce labeur de traduire, principalement les poètes, à ceux qui de chose laborieuse et peu profitable, j'ose dire encore inutile, voire pernicieuse à l'accroissement de leur langue, emportent à bon droit plus de molestie que de gloire.

CHAPITRE VII

*Comment les Romains ont enrichi
leur langue.*

Si les Romains (dira quelqu'un) n'ont vaqué à ce labeur de traduction, par quels moyens donc ont-ils pu ainsi enrichir leur langue, voire jusques à l'égaler quasi à la grecque? Imitant les meilleurs auteurs grecs, se transformant en eux, les dévorant, et après les avoir bien digérés, les convertissant en sang et nourriture, se proposant, chacun selon son naturel et l'argument qu'il voulait élire, le meilleur auteur, dont ils observaient diligemment toutes les plus rares et exquises vertus, et icelles comme greffes, ainsi que j'ai dit devant, entaient et appliquaient à leur langue. Cela faisant (dis-je) les Romains ont bâti tous ces beaux écrits, que nous louons et admirons si fort : égalant ores quelqu'un d'iceux, ores le préférant aux Grecs. Et de ce que je dis font preuve Cicéron et Virgile, que volontiers et par honneur je nomme toujours en la langue latine, desquels comme l'un se fut entièrement adonné à l'imitation des Grecs, contrefit et exprima si au vif la copie de Platon, la véhémence de Démosthène et la joyeuse douceur d'Isocrate, que Molon Rhodien l'oyant quelquefois déclamer, s'écria qu'il emportait l'éloquence grecque à Rome. L'autre imita si bien Homère, Hésiode et Théocrite que depuis on a dit de lui que de ces trois il a surmonté l'un, égalé l'autre, et approché si près de l'autre que si la félicité des arguments qu'ils ont traités eût été pareille, la palme serait bien douteuse. Je vous demande donc, vous autres, qui ne vous employez qu'aux translations, si ces tant fameux auteurs se fussent amusés à traduire, eussent-ils élevé leur langue à l'excellence et hauteur où nous la voyons maintenant? Ne pensez donc, quelque diligence et industrie que vous puissiez mettre en cet endroit, faire tant que notre langue, encore rampante à terre, puisse hausser la tête et s'élever sur pieds.

CHAPITRE VIII

D'amplifier la langue française
par l'imitation des anciens
auteurs grecs
et romains.

Se compose donc celui qui voudra enrichir sa langue à l'imitation des meilleurs auteurs grecs et latins : et à toutes leurs plus grandes vertus, comme à un certain

but, dirige la pointe de son style. Car il n'y a point de
doute que la plus grande part de l'artifice ne soit conte-
nue en l'imitation, et tout ainsi que ce fut le plus louable
aux anciens de bien inventer, aussi est-ce le plus utile
de bien imiter, même à ceux dont la langue n'est encore
bien copieuse et riche. Mais entende celui qui voudra
imiter, que ce n'est chose facile de bien suivre les vertus
d'un bon auteur, et quasi comme se transformer en lui,
vu que la nature même aux choses qui paraissent très
semblables n'a su tant faire que par quelque note et
différence elles ne puissent être discernées. Je dis ceci,
pource qu'il y en a beaucoup en toutes langues qui,
sans pénétrer aux plus cachées et intérieures parties de
l'auteur qu'ils se sont proposé, s'adaptent seulement au
premier regard, et, s'amusant à la beauté des mots,
perdent la force des choses. Et certes, comme ce n'est
point chose vicieuse, mais grandement louable, emprun-
ter d'une langue étrangère les sentences et les mots, et
les approprier à la sienne, aussi est-ce chose grandement
à reprendre, voire odieuse à tout lecteur de libérale
nature, voir en une même langue une telle imitation,
comme celle d'aucuns savants mêmes, qui s'estiment
être des meilleurs, quand plus ils ressemblent un Heroët
ou un Marot. Je t'admoneste donc (ô toi qui désires
l'accroissement de ta langue, et veux exceller en icelle)
de non imiter à pied levé, comme naguère a dit quel-
qu'un, les plus fameux auteurs d'icelle, ainsi que font
ordinairement la plupart de nos poètes français, chose
certes autant vicieuse, comme de nul profit à notre
vulgaire : vu que ce n'est autre chose (ô grande libé-
ralité!) sinon lui donner ce qui était à lui. Je voudrais
bien que notre langue fût si riche d'exemples domesti-
ques que n'eussions besoin d'avoir recours aux étrangers.
Mais si Virgile et Cicéron se fussent contentés d'imiter

ceux de leur langue, qu'auront [9] les Latins outre Ennius
ou Lucrèce, outre Crassus ou Antoine?

CHAPITRE IX

Réponse à quelques objections.

Après avoir le plus succinctement qu'il m'a été possi-
ble ouvert le chemin à ceux qui désirent l'amplification
de notre langue, il me semble bon et nécessaire de répon-
dre à ceux qui l'estiment barbare et irrégulière, incapa-
ble de cette élégance et copie qui est en la grecque et
romaine : d'autant (disent-ils) qu'elle n'a ses déclinations,
ses pieds et ses nombres comme ces deux autres langues.
Je ne veux alléguer en cet endroit (bien que je le pusse
faire sans honte) la simplicité de nos majeurs, qui se
sont contentés d'exprimer leurs conceptions avec paroles
nues, sans art et ornement : non imitant la curieuse dili-
gence des Grecs, auxquels la Muse avait donné la bou-
che ronde (comme dit quelqu'un) c'est-à-dire parfaite
en toute élégance et vénusté de paroles, comme depuis
aux Romains imitateurs des Grecs. Mais je dirai bien
que notre langue n'est tant irrégulière qu'on voudrait
bien dire : vu qu'elle se décline, sinon par les noms,
pronoms et participes, pour le moins par les verbes,
en tous leurs temps, modes et personnes. Et si elle n'est
si curieusement réglée, ou plutôt liée et gehennée en
ses autres parties, aussi n'a-t-elle point tant d'hétéroclites
et anomaux, monstres étranges de la grecque et de la
latine. Quant aux pieds et aux nombres, je dirai au
second livre en quoi nous les récompensons. Et certes

(comme dit un grand auteur de rhétorique, parlant de la félicité qu'ont les Grecs en la composition de leurs mots), je ne pense que telles choses se fassent par la nature desdites langues, mais nous favorisons toujours les étrangers. Qui eût gardé nos ancêtres de varier toutes les parties déclinables, d'allonger une syllabe et accourcir l'autre, et en faire des pieds ou des mains? Et qui gardera nos successeurs d'observer telles choses, si quelques savants et non moins ingénieux de cet âge entreprennent de les réduire en art? comme Cicéron promettait de faire au droit civil : chose qui à quelques-uns a semblé impossible, aux autres non. Il ne faut point ici alléguer l'excellence de l'Antiquité, et comme Homère se plaignait que de son temps les corps étaient trop petits, dire que les esprits modernes ne sont à comparer aux anciens. L'architecture, l'art du navigage, et autres inventions antiques, certainement sont admirables : non toutefois, si on regarde à la nécessité mère des arts, du tout si grandes qu'on doive estimer les cieux et la nature y avoir dépendu toute leur vertu, vigueur et industrie. Je ne produirai pour témoins de ce que je dis l'imprimerie, sœur des Muses et dixième d'elles, et cette non moins admirable que pernicieuse foudre d'artillerie, avec tant d'autres non antiques inventions, qui montrent véritablement que par le long cours des siècles les esprits des hommes ne sont point si abâtardis qu'on voudrait bien dire. Je dis seulement qu'il n'est pas impossible que notre langue puisse recevoir quelquefois cet ornement et artifice aussi curieux qu'il est aux Grecs et Romains. Quant au son, et je ne sais quelle naturelle douceur (comme ils disent) qui est en leurs langues, je ne vois point que nous l'ayons moindre, au jugement des plus délicates oreilles. Il est bien vrai que nous usons du prescrit de nature, qui pour parler nous a seulement

donné la langue. Nous ne vomissons pas nos paroles
de l'estomac, comme les ivrognes ; nous ne les étranglons
pas de la gorge, comme les grenouilles ; nous ne les
découpons pas dedans le palais, comme les oiseaux ;
nous ne les sifflons pas des lèvres, comme les serpents.
Si en telles manières de parler gît la douceur des langues,
je confesse que la nôtre est rude et mal sonnante. Mais
aussi avons-nous cet avantage de ne tordre point la
bouche en cent mille sortes, comme les singes, voire
comme beaucoup mal se souvenant de Minerve, qui
jouant quelquefois de la flûte, et voyant en un miroir
la déformité de ses lèvres, la jeta bien loin, malheureuse
rencontre au présomptueux Marsyas, qui depuis en fut
écorché. Quoi donc (dira quelqu'un), veux-tu à l'exem-
ple de ce Marsyas, qui osa comparer sa flûte rustique
à la douce lyre d'Apollon, égaler ta langue à la grecque
et latine ? Je confesse que les auteurs d'icelles nous ont
surmontés en savoir et faconde : ès quelles choses leur
a été bien facile de vaincre ceux qui ne répugnaient
point. Mais que par longue et diligente imitation de
ceux qui ont occupé les premiers ce que nature n'a pour-
tant dénié aux autres, nous ne puissions leur succé-
der aussi bien en cela que nous avons déjà fait en la
plus grande part de leurs arts mécaniques, et quel-
quefois en leur monarchie, je ne le dirai pas ; car telle
injure ne s'étendrait seulement contre les esprits des
hommes, mais contre Dieu, qui a donné pour loi invio-
lable à toute chose créée de ne durer perpétuellement,
mais passer sans fin d'un état en l'autre, étant la fin et
corruption de l'un, le commencement et génération de
l'autre. Quelque opiniâtre répliquera encore : Ta lan-
gue tarde trop à recevoir cette perfection. Et je dis que
ce retardement ne prouve point qu'elle ne puisse la rece-
voir : ainçois je dis qu'elle se pourra tenir certaine de la

garder longuement l'ayant acquise avec si longue peine,
suivant la loi de nature, qui a voulu que tout arbre qui
naît, fleurit et fructifie bientôt, bientôt aussi envieillisse
et meure : et au contraire, celui durer par longues années,
qui a longuement travaillé à jeter ses racines.

CHAPITRE X

Que la langue française n'est incapable
de la philosophie, et pourquoi les
anciens étaient plus savants
que les hommes de notre âge.

Tout ce que j'ai dit pour la défense et illustration
de notre langue, appartient principalement à ceux
qui font profession de bien dire, comme les poètes
et les orateurs. Quant aux autres parties de littérature,
et ce rond de sciences que les Grecs ont nommé *Ency-*
clopédie, j'en ai touché au commencement une partie
de ce que m'en semble : c'est que l'industrie des fidèles
traducteurs est·en cet endroit fort utile et nécessaire;
et ne les doit retarder, s'ils rencontrent quelquefois
des mots qui ne peuvent être reçus en la famille fran-
çaise : vu que les Latins ne se sont point efforcés de
traduire tous les vocables grecs, comme *rhétorique,*
musique, arithmétique, géométrie, philosophie, et quasi
tous les noms des sciences, les noms des figures, des
herbes, des maladies, la sphère et ses parties, et géné-
ralement la plus grande part des termes usités aux
sciences naturelles et mathématiques. Ces mots-là
donc seront en notre langue comme étrangers en une

cité : auxquels toutefois les périphrases serviront de tru-
chements. Encore serais-je bien d'opinion que le savant
translateur fît plutôt l'office de paraphraste que de traduc-
teur, s'efforçant donner à toutes les sciences qu'il voudra
traiter l'ornement et lumière de sa langue, comme Cicé-
ron se vante d'avoir fait en la philosophie, et à l'exemple
des Italiens, qui l'ont quasi toute convertie en leur vul-
gaire, principalement la platonique. Et si on veut dire
que la philosophie est un faix d'autres épaules que de
celles de notre langue, j'ai dit au commencement de cet
œuvre, et le dis encore, que toutes langues sont d'une
même valeur, et des mortels à une même fin d'un même
jugement formées. Par quoi ainsi comme sans muer des
coutumes ou de nation, le Français et l'Allemand, non
seulement le Grec ou Romain, se peut donner à philo-
sopher, aussi je crois qu'à un chacun sa langue puisse
compétemment communiquer toute doctrine. Donc
si la philosophie semée par Aristote et Platon au fertile
champ attique était replantée en notre plaine française,
ce ne serait la jeter entre les ronces et épines, où elle
devînt [10] stérile : mais ce serait la faire de lointaine pro-
chaine, et d'étrangère citadine de notre république. Et
par aventure ainsi que les épiceries et autres richesses
orientales que l'Inde nous envoie sont mieux connues
et traitées de nous, et en plus grand prix, qu'en l'endroit
de ceux qui les sèment ou recueillent, semblablement
les spéculations philosophiques deviendraient plus
familières qu'elles ne sont ores, et plus facilement
seraient entendues de nous, si quelque savant homme
les avait transportées de grec et latin en notre vulgaire,
que de ceux qui les vont (s'il faut ainsi parler) cueillir
aux lieux où elles croissent. Et si on veut dire que diverses
langues sont aptes à signifier diverses conceptions,
aucunes les conceptions des doctes, autres celles des

indoctes, et que la grecque principalement convient
si bien avec les doctrines que pour les exprimer il
semble qu'elle ait été formée de la même nature, non de
l'humaine providence, je dis qu'icelle nature, qui en
tout âge, en toute province, en toute habitude est tou-
jours une même chose, ainsi comme volontiers elle
s'exerce son art par tout le monde, non moins en la
terre qu'au ciel, et pour être ententive à la production
des créatures raisonnables, n'oublie pourtant les irrai-
sonnables, mais avec un égal artifice engendre celles-ci
et celles-là : aussi est-elle digne d'être connue et louée
de toutes personnes, et en toutes langues. Les oiseaux,
les poissons et les bêtes terrestres de quelconque manière,
ores avec un son, ores avec l'autre, sans distinction de
paroles signifient leurs affections. Beaucoup plutôt nous
hommes devrions faire le semblable, chacun avec
sa langue, sans avoir recours aux autres. Les écritures
et langages ont été trouvés, non pour la conser-
vation de la nature, laquelle (comme divine qu'elle
est) n'a métier de notre aide, mais seulement à notre
bien et utilité : afin que présents, absents, vifs et
morts, manifestant l'un à l'autre le secret de nos cœurs,
plus facilement parvenions à notre propre félicité, qui
gît en l'intelligence des sciences, non point au son des
paroles; et par conséquent ces langues et ces écritures
devraient plus être en usage, lesquelles on apprendrait
plus facilement. Las et combien serait meilleur qu'il y
eût au monde un seul langage naturel, que d'employer
tant d'années pour apprendre des mots! et ce jusques
à l'âge bien souvent que n'avons plus ni le moyen ni le
loisir de vaquer à plus grandes choses. Et certes, son-
geant beaucoup de fois, d'où provient que les hommes
de ce siècle généralement sont moins savants en toutes
sciences, et de moindre prix, que les anciens, entre

beaucoup de raisons je trouve celle-ci, que j'oserais dire la principale : c'est l'étude des langues grecque et latine. Car si le temps que nous consumons à apprendre lesdites langues était employé à l'étude des sciences, la nature certes n'est point devenue si brehaigne qu'elle n'enfantât de notre temps des Platons et des Aristotes. Mais nous, qui ordinairement affectons plus d'être vus savants que de l'être, ne consumons pas seulement notre jeunesse en ce vain exercice : mais, comme nous repentant d'avoir laissé le berceau et d'être devenus hommes, retournons encore en enfance, et par l'espace de vingt ou trente ans ne faisons autre chose qu'apprendre à parler, qui grec, qui latin, qui hébreu. Lesquels ans finis, et finie avec eux cette vigueur et promptitude qui naturellement règne en l'esprit des jeunes hommes, alors nous procurons être faits philosophes, quand pour les maladies, troubles d'affaires domestiques, et autres empêchements qu'amène le temps, nous ne sommes plus aptes à la spéculation des choses. Et bien souvent, étonnés de la difficulté et longueur d'apprendre des mots seulement, nous laissons tout par désespoir, et haïssons les lettres premier que les ayons goûtées ou commencé à les aimer. Faut-il donc laisser l'étude des langues ? Non, d'autant que les arts et sciences sont pour le présent entre les mains des Grecs et Latins. Mais il se devrait faire à l'avenir qu'on pût parler de toute chose par tout le monde, et en toute langue. J'entends bien que les professeurs des langues ne seront pas de mon opinion : encore moins ces vénérables druides [11], qui pour l'ambitieux désir qu'ils ont d'être entre nous ce qu'était le philosophe Anacharsis entre les Scythes, ne craignent rien tant que le secret de leurs mystères, qu'il faut apprendre d'eux non autrement que jadis les jours des Chaldéens, soit découvert au vulgaire, et qu'on

ne crève (comme dit Cicéron) les yeux des corneilles.
A ce propos, il me souvient avoir ouï dire maintes fois
à quelques-uns de leur Académie que le roi François,
je dis ce François à qui la France ne doit moins qu'à
Auguste Rome, avait déshonoré les sciences et laissé
les doctes en mépris. O temps! ô mœurs! ô crasse igno-
rance! n'entendre point que tout ainsi qu'un mal, quand
il s'étend plus loin, est d'autant plus pernicieux, aussi
est un bien plus profitable quand plus il est commun!
Et s'ils veulent dire (comme aussi disent-ils) que d'autant
est un tel bien moins excellent et admirable entre les
hommes, je répondrai qu'un si grand appétit de gloire
et une telle envie ne devrait régner aux colonnes de la
République chrétienne, mais bien en ce roi ambitieux
qui se plaignait à son maître, pource qu'il avait divulgué
les sciences acroamatiques, c'est-à-dire qui ne se peuvent
apprendre que par l'audition du précepteur. Mais quoi?
ces géants ennemis du Ciel [12] veulent-ils limiter la puis-
sance des dieux, et ce qu'ils ont par un singulier béné-
fice donné aux hommes restreindre et enserrer en la
main de ceux qui n'en sauraient faire bonne garde? Il
me souvient de ces reliques qu'on voit seulement par
une petite vitre, et qu'il n'est permis toucher avec la
main. Ainsi veulent-ils faire de toutes les disciplines,
qu'ils tiennent enfermées dedans les livres grecs et latins,
ne permettant qu'on les puisse voir autrement, ou les
transporter de ces paroles mortes en celles qui sont
vives et volent ordinairement par les bouches des
hommes. J'ai (ce me semble) dû assez contenter ceux
qui disent que notre vulgaire est trop vil et barbare
pour traiter si hautes matières que la philosophie.
Et s'ils n'en sont encore bien satisfaits, je leur deman-
derai : Pourquoi donc ont voyagé les anciens Grecs
par tant de pays et dangers, les uns aux Indes, pour

voir les gymnosophistes, les autres en Égypte, pour
emprunter de ces vieux prêtres et prophètes ces grandes
richesses dont la Grèce est maintenant si superbe?
Et toutefois ces nations, où la philosophie a si volon-
tiers habité, produisaient (ce crois-je) des personnes
aussi barbares et inhumaines que nous sommes, et des
paroles aussi étranges que les nôtres. Bien peu me sou-
cierais-je de l'élégance d'oraison qui est en Platon et en
Aristote, si leurs livres sans raison étaient écrits. La
philosophie vraiment les a adoptés pour ses fils, non
pour être nés en Grèce, mais pour avoir d'un haut sens
bien parlé et bien écrit d'elle. La vérité si bien par eux
cherchée, la disposition et l'ordre des choses, la senten-
cieuse brièveté de l'un et la divine copie de l'autre est
propre à eux, et non à autres : mais la nature, dont ils
ont si bien parlé, est mère de tous les autres, et ne
dédaigne point se faire connaître à ceux qui procurent
avec toute industrie entendre ses secrets, non pour
devenir Grecs, mais pour être faits philosophes. Vrai
est que pour avoir les arts et sciences toujours été en
la puissance des Grecs et Romains, plus studieux de ce
qui peut rendre les hommes immortels que les autres,
nous croyons que par eux seulement elles puissent et
doivent être traitées. Mais le temps viendra par aventure
(et je supplie au Dieu très bon et très grand que ce
soit de notre âge) que quelque bonne personne, non
moins hardie qu'ingénieuse et savante, non ambitieuse,
non craignant l'envie ou haine d'aucun, nous ôtera
cette fausse persuasion, donnant à notre langue la
fleur et le fruit des bonnes lettres : autrement si l'affec-
tion que nous portons aux langues étrangères (quelque
excellence qui soit en elles) empêchait cette notre si
grande félicité, elles seraient dignes véritablement non
d'envie, mais de haine, non de fatigue, mais de fâcherie :

elles seraient dignes finalement d'être non apprises, mais reprises de ceux qui ont plus de besoin du vif intellect de l'esprit que du son des paroles mortes. Voilà quant aux disciplines. Je reviens aux poètes et orateurs, principal objet de la matière que je traite, qui est l'ornement et illustration de notre langue.

CHAPITRE XI

*Qu'il est impossible d'égaler les anciens
en leurs langues.*

Toutes personnes de bon esprit entendront assez que cela que j'ai dit pour la défense de notre langue n'est pour décourager aucun de la grecque et latine : car tant s'en faut que je sois de cette opinion, que je confesse et soutiens celui ne pouvoir faire œuvre excellent en son vulgaire, qui soit ignorant de ces deux langues, ou qui n'entende la latine pour le moins. Mais je serais bien d'avis qu'après les avoir apprises, on ne déprisât la sienne et que celui qui par une inclination naturelle (ce qu'on peut juger par les œuvres latines et toscanes de Pétrarque et Boccace, voire d'aucuns savants hommes de notre temps [13]) se sentirait plus propre à écrire en sa langue qu'en grec ou en latin, s'étudiât plutôt à se rendre immortel entre les siens, écrivant bien en son vulgaire, que mal écrivant en ces deux autres langues, être vil aux doctes pareillement et aux indoctes. Mais s'il s'en trouvait encore quelques-uns de ceux qui de simples paroles font tout leur art et science, en sorte que nommer la langue grecque et latine leur semble parler d'une langue divine, et parler de la vulgaire, nommer une langue inhumaine, incapable de toute érudition : s'il s'en trouvait de tels (dis-je) qui voulussent faire des braves, et dépriser toutes choses écrites en français, je leur demanderais volontiers en cette sorte : Que pensent donc faire ces reblanchisseurs de murailles, qui jour et nuit se rompent la tête à imiter [14] ? que dis-je, imiter ? mais transcrire un Virgile et un Cicéron ? bâtissant leurs poèmes des hémistiches de l'un, et jurant en leurs proses aux mots et sentences de l'autre ; songeant (comme a dit quelqu'un) des pères conscrits, des consuls, des tribuns, des comices, et toute l'antique Rome, non autrement qu'Homère, qui en sa *Batrachomyomachie* adapte aux rats et grenouilles les magnifiques titres des dieux et déesses. Ceux-là certes méritent bien la punition de celui qui, ravi au tribunal du grand Juge, répondit qu'il était cicéronien. Pensent-ils donc, je ne dis égaler, mais approcher seulement de ces auteurs en leurs langues ? recueillant de cet orateur et de ce poète ores un nom, ores un verbe, ores un vers, et ores une sentence : comme si en la façon qu'on rebâtit un vieil édifice, ils s'attendaient rendre par ces pierres ramassées à la ruinée fabrique de ces langues sa première grandeur et excellence. Mais vous ne serez jà si bons maçons (vous, qui êtes si grands zélateurs des langues grecque et latine) que leur puissiez rendre cette forme que leur donnèrent premièrement ces bons et excellents architectes ; et si vous espérez (comme fit Esculape des membres d'Hippolyte) que par ces fragments recueillis elles puissent être ressuscitées, vous vous abusez, ne pensant point qu'à la chute de si superbes édifices conjointe à la ruine fatale de ces deux puissantes monarchies, une partie devint poudre, et l'autre doit être en beaucoup de pièces, lesquelles vouloir réduire en un serait chose impossible : outre que beaucoup d'autres parties sont demeurées aux fondements des vieilles murailles, ou égarées par le long cours des siècles ne se peuvent trouver d'aucun. Par quoi venant à réédifier cette fabrique, vous serez bien loin de lui restituer sa première grandeur, quand, où soulait être la salle, vous ferez par aventure les chambres, les étables ou la cuisine, confondant les portes et les fenêtres, bref changeant toute la forme de l'édifice. Finalement j'estimerais l'art pouvoir exprimer la vive énergie de la nature, si vous pouviez rendre cette fabrique renouvelée semblable à l'antique, étant manque l'Idée de laquelle faudrait tirer l'exemple pour la réédifier. Et ce (afin d'exposer plus clairement ce que j'ai dit) d'autant que les anciens usaient des langues, qu'ils avaient sucées avec le lait de la nourrice, et aussi bien parlaient les indoctes comme les doctes, sinon que ceux-ci apprenaient les disciplines et l'art de bien dire, se rendant par ce moyen plus éloquents que les autres. Voilà pourquoi leurs bienheureux siècles étaient si fertiles de bons poètes et orateurs. Voilà pourquoi les femmes mêmes aspiraient cette gloire d'éloquence et érudition, comme Sapho, Corinne, Cornélie, et un millier d'autres, dont les noms sont conjoints avec la mémoire des Grecs et Romains. Ne pensez donc, imitateurs, troupeau servile, parvenir au point de leur excellence : vu qu'à grand-peine avez-vous appris leurs mots, et voilà le meilleur de votre âge passé. Vous déprisez notre vulgaire, par aventure non pour autre raison sinon que dès enfance et sans étude nous l'apprenons, les autres avec grand-peine et industrie. Que s'il était comme la grecque et latine péri et mis en reliquaire de livres, je ne doute point qu'il ne fût (ou peu s'en faudrait) aussi difficile à apprendre comme elles sont. J'ai bien voulu dire ce mot, pour ce que la curiosité humaine admire trop plus les choses rares et difficiles à trouver, bien qu'elles ne soient si commodes pour l'usage de la vie, comme les odeurs et les gemmes, que les communes et nécessaires, comme le pain et le vin. Je ne vois pourtant qu'on doive estimer une langue plus excellente que l'autre, seulement pour être plus difficile, si on ne voulait dire que Lycophron fut plus excellent qu'Homère pour être plus obscur, et Lucrèce que Virgile pour cette même raison.

CHAPITRE XII

Défense de l'auteur.

Ceux qui penseront que je sois trop grand admirateur de ma langue, aillent [15] voir le premier livre des *Fins des Biens et des Maux,* fait par ce père d'éloquence latine Cicéron, qui au commencement dudit livre, entre autres choses, répond à ceux qui déprisaient les choses écrites en latin, et les aimaient mieux lire en grec. La conclusion du propos est qu'il estime la langue latine non seulement n'être pauvre, comme les Romains estimaient lors, mais encore être plus riche que la grecque. Quel ornement (dit-il) d'oraison copieuse ou élégante a défailli, je dirai à nous, ou aux bons orateurs, ou aux poètes, depuis qu'ils ont eu quelqu'un qu'ils pussent imiter? Je ne veux pas donner si haut los à notre langue, pource qu'elle n'a point encore ses Cicérons et Virgiles : mais j'ose bien assurer que si les savants hommes de notre nation la daignaient autant estimer que les Romains faisaient la leur, elle pourrait quelquefois et bientôt se mettre au rang des plus fameu-

ses. Il est temps de clore ce pas, afin de toucher parti-
culièrement les principaux points de l'amplification et
ornement de notre langue. En quoi, lecteur, ne t'ébahis
si je ne parle de l'orateur comme du poète. Car outre que
les vertus de l'un sont pour la plus grande part commu-
nes à l'autre, je n'ignore point qu'Étienne Dolet [16],
homme de bon jugement en notre vulgaire, a formé
l'*Orateur français,* que quelqu'un (peut-être), ami de la
mémoire de l'auteur et de la France, mettra de bref
et fidèlement en lumière.

LE SECOND LIVRE

CHAPITRE PREMIER

L'intention de l'auteur.

Pource que le poète et l'orateur sont comme les deux piliers qui soutiennent l'édifice de chacune langue, laissant celui que j'entends avoir été bâti par les autres, j'ai bien voulu, pour le devoir en quoi je suis obligé à la patrie, tellement quellement ébaucher celui qui restait, espérant que par moi, ou par une plus docte main, il pourra recevoir sa perfection. Or ne veux-je en ce faisant feindre comme une certaine figure de poète, qu'on ne puisse ni des yeux, ni des oreilles, ni d'aucun sens apercevoir, mais comprendre seulement de la cogitation et de la pensée : comme ces Idées que Platon constituait en toutes choses, auxquelles, ainsi qu'à une certaine espèce imaginative, se réfère tout ce qu'on peut voir. Cela certainement est de trop plus grand savoir et loisir que le mien; et penserai avoir beaucoup mérité des miens si je leur montre seulement avec le doigt le chemin qu'ils doivent suivre pour atteindre à l'excellence des anciens, ou quelque autre (peut-être) incité par notre petit labeur les conduira avec la main. Mettons donc pour le commencement ce que nous avons (ce me semble) assez prouvé au premier livre : c'est que sans l'imitation des Grecs et Romains nous ne pouvons donner à notre langue l'excellence et lumière des autres plus

fameuses. Je sais que beaucoup me reprendront, qui
ai osé le premier des Français introduire quasi comme
une nouvelle poésie; 'ou ne se tiendront pleinement
satisfaits, tant pour la brièveté dont j'ai voulu user que
pour la diversité des esprits dont les uns trouvent bon
ce que les autres trouvent mauvais. Marot me plaît
(dit quelqu'un) pource qu'il est facile, et ne s'éloigne
point de la commune manière de parler; Heroët (dit
quelque autre), pource que tous ses vers sont doctes,
graves et élaborés; les autres d'un autre se délectent.
Quant à moi, telle superstitition ne m'a point retiré
de mon entreprise, pource que j'ai toujours estimé notre
poésie française être capable de quelque plus haut et
meilleur style que celui dont nous sommes si longue-
ment contentés. Disons donc brièvement ce que nous
semble de nos pères français.

CHAPITRE II

Des poètes français.

De tous les anciens poètes français, quasi un seul,
Guillaume du Lorris et Jean de Meung [17], sont dignes
d'être lus, non tant pource qu'il y ait en eux beaucoup
de choses qui se doivent imiter des modernes, comme
pour y voir quasi comme une première image de la
langue française, vénérable pour son antiquité. Je ne
doute point que tous les pères crieraient la honte être
perdue, si j'osais reprendre ou émender quelque chose
en ceux que jeunes ils ont appris : ce que je ne veux
faire aussi, mais bien soutiens-je que celui est trop

grand admirateur de l'ancienneté qui veut défrauder les jeunes de leur gloire méritée, n'estimant rien, comme dit Horace, sinon ce que la mort a sacré, comme si le temps, ainsi que les vins, rendait les poésies meilleures. Les plus récents, même ceux qui ont été nommés par Clément Marot en un certain épigramme à Salel, sont assez connus par leurs œuvres. J'y renvoie les lecteurs pour en faire jugement. Bien dirai-je que Jean le Maire de Belges me semble avoir premier illustré et les Gaules et la langue française, lui donnant beaucoup de mots et manières de parler poétiques, qui ont bien servi même aux plus excellents de notre temps. Quant aux modernes, ils seront quelquefois assez nommés : et si j'en voulais parler, ce serait seulement pour faire changer d'opinion à quelques-uns ou trop iniques ou trop sévères estïmateurs des choses, qui tous les jours trouvent à reprendre en trois ou quatre des meilleurs : disant qu'en l'un défaut ce qui est le commencement de bien écrire, c'est le savoir, et aurait augmenté sa gloire de la moitié si de la moitié il eût diminué son livre. L'autre, outre sa rime, qui n'est partout bien riche, est tant dénué de tous ces délices et ornements poétiques qu'il mérite plus le nom de philosophe que de poète. Un autre, pour n'avoir encore rien mis en lumière sous son nom, ne mérite qu'on lui donne le premier lieu : et semble (disent aucuns) que par les écrits de ceux de son temps, il veuille éterniser son nom, non autrement que Démade est ennobli par la contention de Démosthène, et Hortensius de Cicéron. Que si on en voulait faire jugement au seul rapport de la renommée, on rendrait les vices d'icelui égaux, voire plus grands que ses vertus, d'autant que tous les jours se lisent nouveaux écrits sous son nom, à mon avis aussi éloignés d'aucunes choses qu'on m'a quelquefois assuré être de lui, comme en eux n'y

a ni grâce ni érudition. Quelque autre, voulant trop
s'éloigner du vulgaire, est tombé en obscurité aussi
difficile à éclaircir en ses écrits aux plus savants comme
aux plus ignares. Voilà une partie de ce que j'oy dire en
beaucoup de lieux des meilleurs de notre langue. Que
plût à Dieu le naturel d'un chacun être aussi candide à
louer les vertus, comme diligent à observer les vices
d'autrui! La tourbe de ceux (hormis cinq ou six) qui
suivent les principaux, comme porte-enseigne, est si
mal instruite de toutes choses, que par leur moyen notre
vulgaire n'a garde d'étendre guère loin les bornes de
son empire. Et si j'étais du nombre de ces anciens cri-
tiques juges des poèmes, comme un Aristarque et
Aristophane, ou (s'il faut ainsi parler) un sergent de
bande en notre langue française, j'en mettrais beaucoup
hors de la bataille si mal armés, que se fiant en eux, nous
serions trop éloignés de la victoire où nous devons aspi-
rer. Je ne doute point que beaucoup, principalement de
ceux qui sont accommodés à l'opinion vulgaire, et dont
les tendres oreilles ne peuvent rien souffrir au désavan-
tage de ceux qu'ils ont déjà reçus comme oracles, trou-
veront mauvais de ce que j'ose si librement parler et
quasi comme juge souverain prononcer de nos poètes
français : mais si j'ai dit bien ou mal, je m'en rapporte
à ceux qui sont plus amis de la vérité que de Platon ou
Socrate, et ne sont imitateurs des pythagoriques, qui
pour toutes raisons n'alléguaient sinon : Celui-là l'a
dit. Quant à moi, si j'étais enquis de ce que me semble de
nos meilleurs poètes français, je dirais à l'exemple des
stoïques, qui, interrogés si Zénon, si Cléante, si Chry-
sippe sont sages, répondent ceux-là certainement avoir
été grands et vénérables, n'avoir eu toutefois ce qui est
plus excellent en la nature de l'homme : je répondrais
(dis-je) qu'ils ont bien écrit, qu'ils ont illustré notre

langue, que la France leur est obligée; mais aussi dirais-je
bien qu'on pourrait trouver en notre langue (si quelque
savant homme y voulait mettre la main) une forme de
poésie beaucoup plus exquise, laquelle il faudrait cher-
cher en ces vieux Grecs et Latins, non point ès auteurs
français : pour ce qu'en ceux-ci on ne saurait prendre
que bien peu, comme la peau et la couleur; en ceux-là
on peut prendre la chair, les os, les nerfs et le sang. Et
si quelqu'un malaisé à contenter ne voulait prendre ces
raisons en paiement, je dirai (afin de n'être vu examiner
les choses si rigoureusement sans cause) qu'aux autres
arts et sciences la médiocrité peut mériter quelque
louange, mais aux poètes ni les dieux, ni les hommes, ni
les colonnes n'ont point concédé être médiocres, sui-
vant l'opinion d'Horace [18], que je ne puis assez souvent
nommer : pour ce qu'ès choses que je traite, il me semble
avoir le cerveau mieux purgé et le nez meilleur que les
autres. Au fort, comme Démosthène répondit quelque-
fois à Eschine, qui l'avait repris de ce qu'il usait de mots
âpres et rudes, de telles choses ne dépendre les fortunes de
Grèce : aussi dirai-je, si quelqu'un se fâche de quoi je
parle si librement, que de là ne dépendent les victoires
du roi Henri, à qui Dieu veuille donner la félicité
d'Auguste et la bonté de Trajan [19]. J'ai bien voulu,
lecteur studieux de la langue française, demeurer lon-
guement en cette partie, qui te semblera (peut-être)
contraire à ce que j'ai promis : vu que je ne prise assez
hautement ceux qui tiennent le premier lieu en notre
vulgaire, qui avais entrepris de le louer et défendre.
Toutefois je crois que tu ne le trouveras point étrange,
si tu considères que je ne le puis mieux défendre qu'attri-
buant la pauvreté d'icelui non à son propre et naturel,
mais à la négligence de ceux qui en ont pris le gouverne-
ment; et ne te puis mieux persuader d'y écrire qu'en

te montrant le moyen de l'enrichir et illustrer, qui est l'imitation des Grecs et Romains.

CHAPITRE III

*Que le naturel n'est suffisant à celui qui
en poésie veut faire œuvre digne
de l'immortalité.*

Mais pource qu'en toutes langues y en a de bons et de mauvais, je ne veux pas, lecteur, que sans élection et jugement tu te prennes au premier venu. Il vaudrait beaucoup mieux écrire sans imitation que ressembler un mauvais auteur : vu même que c'est chose accordée entre les plus savants, le naturel faire plus sans la doctrine que la doctrine sans le naturel. Toutefois, d'autant que l'amplification de notre langue (qui est ce que je traite) ne se peut faire sans doctrine et sans érudition, je veux bien avertir ceux qui aspirent à cette gloire d'imiter les bons auteurs grecs et romains, voire bien italiens, espagnols et autres, ou du tout n'écrire point, sinon à soi (comme on dit) et à ses Muses. Qu'on ne m'allègue point ici quelques-uns des nôtres, qui sans doctrine, à tout le moins non autre que médiocre, ont acquis grand bruit en notre vulgaire. Ceux qui admirent volontiers les petites choses et déprisent ce qui excède leur jugement en feront tel cas qu'ils voudront : mais je sais bien que les savants ne les mettront en autre rang que de ceux qui parlent bien français, et qui ont (comme disait Cicéron des anciens auteurs romains) bon esprit, mais bien peu d'artifice. Qu'on ne m'allègue point

.aussi que les poètes naissent, car cela s'entend de cette ardeur et allégresse d'esprit qui naturellement excite les poètes, et sans laquelle toute doctrine leur serait manque et inutile. Certainement ce serait chose trop facile, et pourtant contemptible, se faire éternel par renommée, si la félicité de nature donnée même aux plus indoctes était suffisante pour faire chose digne de l'immortalité. Qui veut voler par les mains et bouches des hommes doit longuement demeurer en sa chambre; et qui désire vivre en la mémoire de la postérité doit, comme mort en soi-même, suer et trembler maintes fois, et autant que nos poètes courtisans boivent, mangent et dorment à leur aise, endurer de faim, de soif et de longues vigiles. Ce sont les ailes dont les écrits des hommes volent au ciel. Mais afin que je retourne au commencement de ce propos, regarde notre imitateur premièrement ceux qu'il voudra imiter, et ce qu'en eux il pourra et qui se doit imiter, pour ne faire comme ceux qui, voulant apparaître semblables à quelque grand seigneur, imiteront plutôt un petit geste et façon de faire vicieuse de lui que ses vertus et bonnes grâces. Avant toutes choses, faut qu'il ait ce jugement de connaître ses forces et tenter combien ses épaules peuvent porter; qu'il sonde diligemment son naturel, et se compose à l'imitation de celui dont il se sentira approcher de plus près. Autrement son imitation ressemblerait celle du singe.

CHAPITRE IV

Quels genres de poèmes doit élire le poète français.

Lis donc et relis premièrement, ô poète futur, feuillette de main nocturne et journelle les exemplaires Grecs et Latins ; puis me laisse toutes ces vieilles poésies françaises aux Jeux Floraux de Toulouse et au Puy de Rouen : comme rondeaux, ballades, virelais, chants royaux, chansons et autres telles épiceries, qui corrompent le goût de notre langue, et ne servent sinon à porter témoignage de notre ignorance. Jette-toi à ces plaisants épigrammes, non point comme font aujourd'hui un tas de faiseurs de contes nouveaux, qui en un dizain sont contents n'avoir rien dit qui vaille aux neuf premiers vers, pourvu qu'au dixième il y ait le petit mot pour rire : mais à l'imitation d'un Martial, ou de quelque autre bien approuvé, si la lascivité ne te plaît, mêle le profitable avec le doux. Distille avec un style coulant et non scabreux ces pitoyables élégies, à l'exemple d'un Ovide, d'un Tibulle et d'un Properce, y entremêlant quelquefois de ces fables anciennes, non petit ornement de poésie. Chante-moi ces odes inconnues encore de la Muse française, d'un luth bien accordé au son de la lyre grecque et romaine : et qu'il n'y ait vers où n'apparaisse quelque vestige de rare et antique érudition. Et quant à ce, te fourniront de matière les louanges des dieux et des hommes vertueux, le discours fatal des choses mondaines, la sollicitude des jeunes hommes, comme l'amour, les vins ; garde que ce genre de poème

soit éloigné du vulgaire, enrichi et illustré de mots pro-
pres et épithètes non oisifs, orné de graves sentences,
et varié de toutes manières de couleurs et ornements
poétiques, non comme un *Laissez la verde couleur, Amour
avecques Psyches, O combien est heureuse* [20], et autres tels
ouvrages, mieux dignes d'être nommés chansons vul-
gaires qu'odes ou vers lyriques. Quant aux épîtres,
ce n'est un poème qui puisse grandement enrichir notre
vulgaire, pource qu'elles sont volontiers de choses
familières et domestiques, si tu ne les voulais faire à
l'imitation d'élégies, comme Ovide, ou sentencieuses
et graves, comme Horace. Autant te dis-je des satires,
que les Français, je ne sais comment, ont appelées
coq-à-l'âne : ès quels je te conseille aussi peu t'exercer,
comme je te veux être aliène de mal dire, si tu ne vou-
lais à l'exemple des anciens, en vers héroïques (c'est-
à-dire de x à xi, et non seulement de viii à ix), sous le
nom de satire, et non de cette inepte appellation de
coq-à-l'âne, taxer modestement les vices de ton temps,
et pardonner aux noms des personnes vicieuses. Tu as
pour ceci Horace, qui, selon Quintilien, tient le premier
lieu entre les satiriques. Sonne-moi ces beaux sonnets,
non moins docte que plaisante invention italienne,
conforme de nom à l'ode [21], et différente d'elle seulement
pource que le sonnet a certains vers réglés et limités,
et l'ode peut courir par toutes manières de vers libre-
ment, voire en inventer à plaisir, à l'exemple d'Horace,
qui a chanté en dix-neuf sortes de vers, comme disent les
grammairiens. Pour le sonnet donc tu as Pétrarque et
quelques modernes Italiens. Chante-moi d'une musette
bien résonnante et d'une flûte bien jointe ces plaisantes
églogues rustiques, à l'exemple de Théocrite et de Vir-
gile : marines à l'exemple de Sannazar, gentilhomme
napolitain. Que plût aux Muses qu'en toutes les espèces

de poésie que j'ai nommées nous eussions beaucoup
de telles imitations qu'est cette églogue sur la naissance
du fils de Monseigneur le Dauphin, à mon gré un des
meilleurs petits ouvrages que fit onques Marot. Adopte-
moi aussi en la famille française ces coulants et mignards
hendécasyllabes, à l'exemple d'un Catulle, d'un Pontan
et d'un Second : ce que tu pourras faire, sinon en quan-
tité, pour le moins en nombre de syllabes. Quant aux
comédies et tragédies, si les rois et les républiques les
voulaient restituer en leur ancienne dignité, qu'ont usur-
pée les farces et moralités, je serais bien d'opinion que
tu t'y employasses, et si tu le veux faire pour l'ornement
de ta langue, tu sais où tu en dois trouver les archétypes.

CHAPITRE V

Du long poème français.

Donc, ô toi, qui, doué d'une excellente félicité de
nature, instruit de tous bons arts et sciences, princi-
palement naturelles et mathématiques, versé en tous
genres de bons auteurs grecs et latins, non ignorant
des parties et offices de la vie humaine, non de trop
haute condition, ou appelé au régime public, non aussi
abject et pauvre, non troublé d'affaires domestiques,
mais en repos et tranquillité d'esprit, acquise première-
ment par la magnanimité de ton courage, puis entrete-
nue par ta prudence et sage gouvernement, ô toi (dis-je),
orné de tant de grâces et perfections, si tu as quelque-
fois pitié de ton pauvre langage, si tu daignes l'enrichir
de tes trésors, ce sera toi véritablement qui lui feras

hausser la tête, et d'un brave sourcil s'égaler aux super-
bes langues grecque et latine, comme a fait de notre
temps en son vulgaire un Arioste italien, que j'oserais
(n'était la sainteté des vieux poèmes) comparer à un
Homère et Virgile. Comme lui donc, qui a bien voulu
emprunter de notre langue les noms et l'histoire de son
poème, choisis-moi quelqu'un de ces beaux vieux
romans français, comme un *Lancelot,* un *Tristan,* ou
autres : et en fais renaître au monde une admirable
Iliade et laborieuse *Énéide.* Je veux bien en passant dire
un mot à ceux qui ne s'emploient qu'à orner et ampli-
fier nos romans, et en font des livres, certainement en
beau et fluide langage, mais beaucoup plus propre à bien
entretenir damoiselles qu'à doctement écrire : je vou-
drais bien (dis-je) les avertir d'employer cette grande élo-
quence à recueillir ces fragments de vieilles chroniques
françaises, et comme a fait Tite-Live des annales et
autres anciennes chroniques romaines, en bâtir le corps
entier d'une belle histoire, y entremêlant à propos ces
belles concions et harangues à l'imitation de celui que
je viens de nommer, de Thucydide, Salluste, ou quelque
autre bien approuvé, selon le genre d'écrire où ils se
sentiraient propres. Tel œuvre certainement serait à
leur immortelle gloire, honneur de la France, et grande
illustration de notre langue. Pour reprendre le propos
que j'avais laissé, quelqu'un (peut-être) trouvera étrange
que je requière une si exacte perfection en celui qui vou-
dra faire un long poème, vu aussi qu'à peine se trouve-
raient, encore qu'ils fussent instruits de toutes ces choses,
qui voulussent entreprendre un œuvre de si laborieuse
longueur, et quasi de la vie d'un homme. Il semblera à
quelque autre que, voulant bailler les moyens d'enri-
chir notre langue, je fasse le contraire, d'autant que je
retarde plutôt et refroidis l'étude de ceux qui étaient

bien affectionnés à leur vulgaire, que je ne les incite,
pource que, débilités par désespoir, ne voudront point
essayer ce à quoi ne s'attendront de pouvoir parvenir.
Mais c'est chose convenable, que toutes choses soient
expérimentées de tous ceux qui désirent atteindre à
quelque haut point d'excellence et gloire non vulgaire.
Que si quelqu'un n'a du tout cette grande vigueur
d'esprit, cette parfaite intelligence des disciplines, et
toutes ces autres commodités que j'ai nommées, tienne
pourtant le cours tel qu'il pourra. Car c'est chose honnête
à celui qui aspire au premier rang, demeurer au second,
voire au troisième. Non Homère seul entre les Grecs,
non Virgile entre les Latins, ont acquis los et réputa-
tion. Mais telle a été la louange de beaucoup d'autres,
chacun en son genre, que pour admirer les choses hautes,
on ne laissait pourtant de louer les inférieures. Certai-
nement si nous avions des Mécènes et des Augustes,
les cieux et la nature ne sont point si ennemis de notre
siècle que n'eussions encore des Virgiles. L'honneur
nourrit les arts, nous sommes tous par la gloire enflam-
més à l'étude des sciences, et ne s'élèvent jamais les
choses qu'on voit être déprisées de tous. Les rois et les
princes devraient (ce me semble) avoir mémoire de ce
grand empereur [22] qui voulait plutôt la vénérable puis-
sance des lois être rompue, que les œuvres de Virgile,
condamnées au feu par le testament de l'auteur, fussent
brûlées. Que dirai-je de cet autre grand monarque [23],
qui désirait plus le renaître d'Homère que le gain d'une
grosse bataille? et quelquefois, étant près du tombeau
d'Achille, s'écria hautement : O bienheureux adolescent,
qui as trouvé un tel buccinateur de tes louanges! Et
à la vérité, sans la divine Muse d'Homère, le même tom-
beau qui couvrait le corps d'Achille eût aussi accablé
son renom. Ce qu'advient à tous ceux qui mettent

l'assurance de leur immortalité au marbre, au cuivre, aux colosses, aux pyramides, aux laborieux édifices, et autres choses non moins sujettes aux injures du ciel et du temps, de la flamme et du fer, que de frais excessifs et perpétuelle sollicitude. Les allèchements de Vénus, la gueule et les otieuses plumes ont chassé d'entre les hommes tout désir de l'immortalité : mais encore est-ce chose plus indigne, que ceux qui d'ignorance et toutes espèces de vices font leur plus grande gloire, se moquent de ceux qui en ce tant louable labeur poétique emploient les heures que les autres consument aux jeux, aux bains, aux banquets, et autres tels menus plaisirs. Or néanmoins quelque infélicité de siècle où nous soyons, toi à qui les dieux et les muses auront été si favorables comme j'ai dit, bien que tu sois dépourvu de la faveur des hommes, ne laisse pourtant à entreprendre un œuvre digne de toi, mais non dû à ceux qui, tout ainsi qu'ils ne font choses louables, aussi ne font-ils cas d'être loués. Espère le fruit de ton labeur de l'incorruptible et non envieuse postérité : c'est la gloire, seule échelle par les degrés de laquelle les mortels d'un pied léger montent au ciel et se font compagnons des dieux.

CHAPITRE VI

D'inventer des mots, et quelques
autres choses que doit observer
le poète français.

Mais de peur que le vent d'affection ne pousse mon navire si avant en cette mer que je sois en danger

du naufrage, reprenant la route que j'avais laissée,
je veux bien avertir celui qui entreprendra un grand
œuvre qu'il ne craigne point d'inventer, adopter et
composer à l'imitation des Grecs quelques mots fran-
çais, comme Cicéron se vante d'avoir fait en sa langue.
Mais si les Grecs et Latins eussent été superstitieux
en cet endroit, qu'auraient-ils ores de quoi magnifier
si hautement cette copie qui est en leurs langues?
Et si Horace permet qu'on puisse en un long poème
dormir quelquefois, est-il défendu en ce même endroit
user de quelques mots nouveaux, même quand la néces-
sité nous y contraint? Nul, s'il n'est vraiment du tout
ignare, voire privé de sens commun, ne doute point
que les choses n'aient premièrement été : puis après, les
mots avoir été inventés pour les signifier; et par consé-
quent aux nouvelles choses être nécessaire imposer
nouveaux mots, principalement ès arts dont l'usage
n'est point encore commun et vulgaire, ce qui peut
arriver souvent à notre poète, auquel sera nécessaire
emprunter beaucoup de choses non encore traitées
en notre langue. Les ouvriers (afin que je ne parle des
sciences libérales) jusques aux laboureurs mêmes, et
toutes sortes de gens mécaniques, ne pourraient conser-
ver leurs métiers s'ils n'usaient de mots à eux usités
et à nous inconnûs. Je suis bien d'opinion que les pro-
cureurs et avocats usent des termes propres à leur pro-
fession sans rien innover : mais vouloir ôter la liberté
à un savant homme qui voudra enrichir sa langue
d'usurper quelquefois des vocables non vulgaires, ce
serait restreindre notre langage, non encore assez riche,
sous une trop plus rigoureuse loi que celle que les
Grecs et Romains se sont donnée. Lesquels, combien
qu'ils fussent sans comparaison plus que nous copieux
et riches, néanmoins ont concédé aux doctes hommes

user souvent de mots non accoutumés ès choses non
accoutumées. Ne crains donc, poète futur, d'innover
quelques termes, en un long poème principalement,
avec modestie toutefois, analogie et jugement de
l'oreille, et ne te soucie qui le trouve bon ou mauvais :
espérant que la postérité l'approuvera, comme celle
qui donne foi aux choses douteuses, lumière aux obscu-
res, nouveauté aux antiques, usage aux non accoutumées,
et douceur aux âpres et rudes. Entre autres choses [24], se
garde bien notre poète d'user de noms propres latins
ou grecs, chose vraiment aussi absurde que si tu appli-
quais une pièce de velours vert à une robe de velours
rouge. Mais serait-ce pas une chose bien plaisante,
user en un ouvrage latin d'un nom propre d'homme
ou d'autre chose en français? comme *Jan currit, Loire
fluit,* et autres semblables. Accommode donc tels noms
propres, de quelque langue que ce soit, à l'usage de
ton vulgaire [25] : suivant les Latins, qui pour Ἡρακλῆς
ont dit *Hercules,* pour Θησεύς, *Theseus* : et dis *Hercule,
Thésée, Achille, Ulysse, Virgile, Cicéron, Horace.* Tu dois
pourtant user en cela de jugement et discrétion, car il
y a beaucoup de tels noms qui ne se peuvent approprier
en français : les uns monosyllabes, comme *Mars :*
les autres dissyllabes, comme *Vénus :* aucuns de plusieurs
syllabes, comme *Jupiter,* si tu ne voulais dire *Jove :*
et autres infinis, dont je ne te saurais bailler certaine
règle. Par quoi je renvoie tout au jugement de ton oreille.
Quant au reste, use de mots purement français, non tou-
tefois trop communs, non point aussi trop inusités,
si tu ne voulais quelquefois usurper, et quasi comme
enchâsser, ainsi qu'une pierre précieuse et rare, quelques
mots antiques en ton poème, à l'exemple de Virgile,
qui a usé de ce mot *olli* pour *illi, aulaï* pour *aulæ,* et autres.
Pour ce faire, te faudrait voir tous ces vieux romans

et poètes français, où tu trouveras un *ajourner* pour
faire jour (que les praticiens se sont fait propre), *anuiter*
pour *faire nuit*, *assener* pour *frapper où on visait*, et pro-
prement d'un coup de main, *isnel* pour *léger*, et mille
autres bons mots, que nous avons perdus par notre
négligence. Ne doute point que le modéré usage de
tels vocables ne donne grande majesté tant au vers
comme à la prose : ainsi que font les reliques des saints
aux croix et autres sacrés joyaux dédiés aux temples.

CHAPITRE VII

De la rime et des vers sans rime.

Quant à la rime, je suis bien d'opinion qu'elle soit
riche, pource qu'elle nous est ce qu'est la quantité aux
Grecs et Latins. Et bien que n'ayons cet usage de pieds
comme eux, si est-ce que nous avons un certain nombre
de syllabes en chacun genre de poème, par lesquelles,
comme par chaînons, le vers français lié et enchaîné
est contraint de se rendre en cette étroite prison de rime,
sous la garde le plus souvent d'une coupe féminine,
fâcheux et rude geôlier, et inconnu des autres vulgaires.
Quand je dis que la rime doit être riche, je n'entends
qu'elle soit contrainte, et semblable à celle d'aucuns,
qui pensent avoir fait un grand chef-d'œuvre en français
quand ils ont rimé un *imminent* et un *éminent*, un *misé-
ricordieusement* et un *mélodieusement*, et autres de sembla-
ble farine, encore qu'il n'y ait sens ou raison qui vaille.
Mais la rime de notre poète sera volontaire, non forcée;
reçue, non appelée; propre, non aliène; naturelle, **non**

adoptive : bref, elle sera telle que le vers tombant en icelle ne contentera moins l'oreille qu'une bien harmonieuse musique tombante en un bon et parfait accord. Ces équivoques donc et ces simples rimés avec leurs composés, comme un *baisser* et *abaisser,* s'ils ne changent ou augmentent grandement la signification de leurs simples, me soient chassés bien loin : autrement, qui ne voudrait régler sa rime comme j'ai dit, il vaudrait beaucoup mieux ne rimer point, mais faire des vers libres, comme a fait Pétrarque en quelque endroit, et de notre temps le seigneur Louis Aleman, en sa non moins docte que plaisante *Agriculture.* Mais tout ainsi que les peintres et statuaires mettent plus grande industrie à faire beaux et bien proportionnés les corps qui sont nus, que les autres : aussi faudrait-il bien que ces vers non rimés fussent bien charnus et nerveux, afin de compenser par ce moyen le défaut de la rime. Je n'ignore point que quelques-uns ont fait une division de rime, l'une en son et l'autre en écriture, à cause de ces diphtongues *ai, ei, oi,* faisant conscience de rimer *maître* et *prêtre, fontaines* et *Athènes, connaître* et *naître.* Mais je ne veux que notre poète regarde si superstitieusement à ces petites choses : et lui doit suffire que les deux dernières syllabes soient unisones, ce qui arriverait en la plus grande part, tant en voix qu'en écriture, si l'orthographe française n'eût point été dépravée par les praticiens. Et pour ce que Louis Meigret [26] non moins amplement que doctement a traité cette partie, lecteur, je te renvoie à son livre; et ferai fin à ce propos, t'ayant sans plus averti de ce mot en passant, c'est que tu gardes de rimer les mots manifestement longs avec les brefs aussi manifestement brefs, comme un *passe* et *trace,* un *maître* et *mettre,* un *chevelure* et *hure,* un *bât* et *bat,* et ainsi des autres.

CHAPITRE VIII

De ce mot rime [27], de l'invention des
vers rimés, et de quelques
autres antiquités usitées en notre langue.

Tout ce qui tombe sous quelque mesure et jugement
de l'oreille (dit Cicéron) en latin s'appelle *numerus,*
en Grec ῥυθμὸς, non point seulement au vers, mais
à l'oraison. Par quoi improprement nos anciens ont
astreint le nom du genre sous l'espèce, appelant *rime*
cette consonance de syllabes à la fin des vers qui se
devrait plutôt nommer δμοιοτέλευτον, c'est-à-dire finis-
sant de même, l'une des espèces du rythme. Ainsi
les vers, encore qu'ils ne finissent point en un même
son, généralement se peuvent appeler rime : d'autant
que la signification de ce mot ῥυθμὸς est fort ample,
et emporte beaucoup d'autres termes, comme κανών,
μέτρον, μέλος εὔφωνον, ἀκολουθία, τάξις, σύγκρισις,
règle, mesure, mélodieuse consonance de voix, consécution,
ordre et *comparaison.* Or quant à l'antiquité de ces vers
que nous appelons rimés, et que les autres vulgaires
ont empruntés de nous, si on ajoute foi à Jean le Maire
de Belges, diligent rechercheur de l'antiquité, Bardus V,
roi des Gaules, en fut inventeur : et introduisit une
secte de poètes nommés bardes, lesquels chantaient
mélodieusement leurs rimes avec instruments, louant
les uns et blâmant les autres, et étaient (comme témoigne
Diodore Sicilien en son sixième livre) de si grande estime
entre les Gaulois que si deux armées ennemies étaient
prêtes à combattre, et lesdits poètes se missent entre deux,

la bataille cessait, et modérait chacun son ire. Je pourrais
alléguer assez d'autres antiquités, dont notre langue
aujourd'hui est ennoblie, et qui montrent les histoires
n'être fausses qui ont dit les Gaules anciennement avoir
été florissantes, non seulement en armes, mais en toutes
sortes de sciences et bonnes lettres. Mais cela requiert
bien un œuvre entier : et ne serait après tant d'excellentes
plumes qui en ont écrit, même de notre temps, que retis-
ser (comme on dit) la toile de Pénélope. Seulement j'ai
bien voulu, et ne me semble mal à propos [28], montrer
l'antiquité de deux choses fort vulgaires en notre langue,
et non moins anciennes entre les Grecs. L'une est
cette inversion de lettres en un propre nom, qui porte
quelque devise convenable à la personne : comme en
FRANÇOIS DE VALOIS, *De façon suis royal,* HENRI DE
VALOIS, *Roi es de nul haï.* L'autre est en un épigramme,
ou quelque autre œuvre poétique, une certaine élection
des lettres capitales, disposées en sorte qu'elles portent
ou le nom de l'auteur ou quelque sentence. Quant à
l'inversion de lettres, que les Grecs appellent ἀναγραμ-
ματισμὸς, l'interprète de Lycophron dit en sa *Vie* :
En ce temps-là florissait Lycophron, non tant pour la
poésie que pource qu'il faisait des anagrammatismes.
Exemple du nom du roi Ptolémée, Πτολεμαῖος, ἀπὸ
μέλιτος, c'est-à-dire *emmiellé* ou de *miel.* De la reine
Arsinoé, qui fut femme dudit Ptolémée, Ἀρσινόη,
Ἥρας ἴον, c'est-à-dire *la violette de Junon.* Arté-
midore aussi le Stoïque a laissé en son livre des
Songes un chapitre de l'anagrammatisme, où il montre
que par inversion des lettres on peut exposer les songes.
Quant à la disposition des lettres capitales, Eusèbe,
au livre de la *Préparation évangélique,* dit que la Sibylle
d'Érythrès avait prophétisé de IESVCHRIST, préposant
à chacun de ses vers certaines lettres qui déclaraient le

dernier avènement de Christ. Lesdites lettres portaient ces mots : IESVS. CHRISTVS. SERVATOR. CRVX. Les vers furent translatés par saint Augustin (et c'est ce qu'on nomme les quinze *signes du Jugement*), lesquels se chantent encore en quelques lieux. Les Grecs appellent cette préposition de lettres, au commencement des vers, ἀκροστιχίς. Cicéron en parle au livre de *Divination*, voulant prouver par cette curieuse diligence que les vers des Sibylles étaient faits par artifice, et non par inspiration divine. Cette même antiquité se peut voir en tous les arguments de Plaute, dont chacun en ses lettres capitales porte le nom de la comédie.

CHAPITRE IX

Observation de quelques manières
de parler françaises.

J'ai déclaré en peu de paroles ce qui n'avait encore été (que je sache) touché de nos rhétoriqueurs français. Quant aux coupes féminines, apostrophes, accents, l'*é* masculin et l'*e* féminin, et autres telles choses vulgaires, notre poète les apprendra de ceux qui en ont écrit. Quant aux espèces de vers, qu'ils veulent limiter, elles sont aussi diverses que la fantaisie des hommes et que la même nature. Quant aux vertus et vices du poème, si diligemment traités par les anciens, comme Aristote, Horace, et après eux Hieronyme Vide; quant aux figures des sentences et des mots, et toutes les autres parties de l'élocution, les lieux de commisération, de joie, de tristesse, d'ire, d'admiration, et toutes autres commotions

de l'âme : je n'en parle point après si grand nombre
d'excellents philosophes et orateurs qui en ont traité,
que je veux avoir été bien lus et relus de notre poète,
premier qu'il entreprenne quelque haut et excellent
ouvrage. Et tout ainsi qu'entre les auteurs latins les
meilleurs sont estimés ceux qui de plus près ont imité
les Grecs, je veux aussi que tu t'efforces de rendre, au
plus près du naturel que tu pourras, la phrase et manière
de parler latine, en tant que la propriété de l'une et l'autre
langue le voudra permettre. Autant te dis-je de la grec-
que, dont les façons de parler sont fort approchantes
de notre vulgaire, ce que même on peut connaître par
les articles, inconnus de la langue latine. Use donc hardi-
ment [29] de l'infinitif pour le nom, comme *l'aller, le
chanter, le vivre, le mourir*. De l'adjectif substantivé, comme
*le liquide des eaux, le vide de l'air, le frais des ombres, l'épais
des forêts, l'enroué des cymbales*, pourvu que telle manière
de parler ajoute quelque grâce et véhémence : et non pas,
le chaud du feu, le froid de la glace, le dur du fer, et leurs
semblables. Des verbes et participes, qui de leur nature
n'ont point d'infinitifs après eux, avec des infinitifs,
comme *tremblant de mourir* et *volant d'y aller*, pour *craignant
de mourir* et *se hâtant d'y aller*. Des noms pour les adver-
bes, comme *ils combattent obstinés*, pour *obstinément*,
il vole léger, pour *légèrement*, et mille autres manières de
parler que tu pourras mieux observer par fréquente
et curieuse lecture que je ne te les saurais dire. Entre
autres choses, je t'avertis user souvent de la figure
ANTONOMASIE, aussi fréquente aux anciens poètes
comme peu usitée, voire inconnue des Français. La
grâce d'elle est quand on désigne le nom de quelque chose
par ce qui lui est propre, comme *le père foudroyant*,
pour *Jupiter, le dieu deux fois né*, pour *Bacchus, la vierge
chasseresse*, pour *Diane*. Cette figure a beaucoup d'autres

espèces, que tu trouveras chez les rhétoriciens, et a fort
bonne grâce principalement aux descriptions, comme :
Depuis ceux qui voient premiers rougir l'Aurore, jusques là
où Thétis reçoit en ses ondes le fils d'Hypérion, pour *Depuis*
l'Orient jusques à l'Occident. Tu en as assez d'autres
exemples ès Grecs et Latins, même en ces divines expé-
riences de Virgile, comme du fleuve glacé, des douze
signes du Zodiaque, d'Iris, des douze labeurs d'Hercule,
et autres. Quant aux épithètes, qui sont en nos poètes
français la plus grande part ou froids ou otieux ou mal
à propos, je veux que tu en uses de sorte que sans eux
ce que tu diras serait beaucoup moindre, comme la
flamme dévorante, les *soucis mordants,* la *gehennante sollici-*
tude : et regarde bien qu'ils soient convenables, non
seulement à leurs substantifs, mais aussi à ce que tu
décriras, afin que tu ne dises l'*eau ondoyante,* quand tu
la veux décrire *impétueuse,* ou la *flamme ardente,* quand
tu la veux montrer *languissante.* Tu as Horace entre les
Latins fort heureux en ceci, comme en toutes choses.
Garde-toi aussi de tomber en un vice commun, même
aux plus excellents de notre langue, c'est l'omission
des articles. Tu as exemple de ce vice en infinis endroits
de ces petites poésies françaises. J'ai quasi oublié un
autre défaut bien usité, et de très mauvaise grâce. C'est
quand en la quadrature des vers héroïques [30] la sentence
est trop abruptement coupée, comme : *Sinon que tu*
en montres un plus sûr. Voilà ce que je te voulais dire
brièvement de ce que tu dois observer tant au vers
comme à certaines manières de parler, peu ou point
encore usitées des Français. Il y en a qui fort supersti-
tieusement entremêlent les vers masculins avec les
féminins, comme on peut voir aux *Psaumes* traduits
par Marot. Ce qu'il a observé (comme je crois) afin
que plus facilement on les pût chanter sans varier la

musique, pour la diversité des mesures qui se trouve-
raient à la fin des vers [31]. Je trouve cette diligence fort
bonne, pourvu que tu n'en fasses point de religion jus-
ques à contraindre ta diction pour observer telles choses.
Regarde principalement qu'en ton vers n'y ait rien dur,
hiulque ou redondant. Que les périodes soient bien joints,
numéreux, bien remplissant l'oreille, et tels qu'ils n'excè-
dent point ce terme et but que naturellement nous sen-
tons, soit en lisant ou écoutant.

CHAPITRE X

De bien prononcer les vers.

Ce lieu ne me semble mal à propos, dire un mot
de la prononciation, que les Grecs appellent ὑπόκρισις,
afin que s'il t'advient de réciter quelquefois tes vers,
tu les prononces d'un son distinct, non confus; viril,
non efféminé; avec une voix accommodée à toutes les
affections que tu voudras exprimer en tes vers. Et
certes comme icelle prononciation et geste approprié
à la matière que l'on traite, voire par le jugement de
Démosthène, est le principal de l'orateur, aussi n'est-ce
peu de chose que de prononcer ses vers de bonne grâce :
vu que la poésie (comme dit Cicéron) a été inventée
par observation de prudence et mesure des oreilles;
dont le jugement est très superbe, comme de celles qui
répudient toutes choses âpres et rudes, non seulement
en composition et structure de mots, mais aussi en modu-
lation de voix. Nous lisons cette grâce de prononcer
avoir été fort excellente en Virgile, et telle qu'un poète

de son temps disait que les vers de lui, par lui prononcés, étaient sonoreux et graves : par autres, flasques et efféminés.

CHAPITRE XI

De quelques observations outre l'artifice,
avec une invective contre
les mauvais poètes français.

Je ne demeurerai longuement en ce que s'ensuit, pource que notre poète, tel que je le veux, le pourra assez entendre par son bon jugement, sans aucune tradition de règles. Du temps donc et du lieu qu'il faut élire pour la cogitation, je ne lui en baillerai autres préceptes que ceux que son plaisir et sa disposition lui ordonneront. Les uns aiment les fraîches ombres des forêts, les clairs ruisselets doucement murmurant parmi les prés ornés et tapissés de verdure. Les autres se délectent du secret des chambres et doctes études. Il faut s'accommoder à la saison et au lieu. Bien te veux-je avertir de chercher la solitude et le silence ami des muses, qui aussi (afin que ne laisses passer cette fureur divine qui quelquefois agite et échauffe les esprits poétiques, et sans laquelle ne faut point que nul espère faire chose qui dure) n'ouvrent jamais la porte de leur sacré cabinet sinon à ceux qui heurtent rudement. Je ne veux oublier l'émendation, partie certes la plus utile de nos études. L'office d'elle est ajouter, ôter, ou muer à loisir ce que cette première impétuosité et ardeur d'écrire n'avait permis de faire. Pourtant est-il nécessaire afin que nos écrits, comme enfants nouveau-nés, ne nous flattent, les remettre à part, les revoir souvent, et en la manière des ours, à force de lécher, leur donner forme et façon de membres, non imitant ces importuns versificateurs, nommés des Grecs μουσοπάταγοι, qui rompent à toutes heures les oreilles des misérables auditeurs par leurs nouveaux poèmes. Il ne faut pourtant y être trop superstitieux, ou (comme les éléphants leurs petits) être dix ans à enfanter ses vers. Surtout nous convient avoir quelque savant et fidèle compagnon, ou un ami bien familier, voire trois ou quatre, qui veillent et puissent connaître nos fautes, et ne craignent point blesser notre papier avec les ongles [32]. Encore te veux-je avertir de hanter quelquefois, non seulement les savants, mais aussi toutes sortes d'ouvriers et gens mécaniques, comme mariniers, fondeurs, peintres, engraveurs et autres, savoir leurs inventions, les noms des matières, des outils, et les termes usités en leurs arts et métiers, pour tirer de là ces belles comparaisons et vives descriptions de toutes choses. Vous semble point, messieurs, qui êtes si ennemis de votre langue, que notre poète ainsi armé puisse sortir à la campagne, et se montrer sur les rangs, avec les braves escadrons grecs et romains? Et vous autres si mal équipés, dont l'ignorance a donné le ridicule nom de *rimeurs* à notre langue (comme les Latins appellent leurs mauvais poètes *versificateurs*), oserez-vous bien endurer le soleil, la poudre, et le dangereux labeur de ce combat? Je suis d'opinion que vous retiriez au bagage avec les pages et laquais, ou bien (car j'ai pitié de vous) sous les frais ombrages, aux somptueux palais des grands seigneurs et cours magnifiques des princes, entre les dames et damoiselles, où vos beaux et mignons écrits, non de plus longue durée que votre vie, seront reçus, admirés et adorés : non point aux

doctes études et riches bibliothèques des savants.
Que plût aux Muses, pour le bien que je veux à notre
langue, que vos ineptes œuvres fussent bannis, non
seulement de là (comme ils sont), mais de toute la
France! Je voudrais bien qu'à l'exemple de ce grand
monarque [33], qui défendit que nul n'entreprît de le
tirer en tableau sinon Apelle, ou en statue sinon Lysippe,
tous rois et princes amateurs de leur langue défendissent,
par édit exprès, à leurs sujets de non mettre en lumière
œuvre aucun, et aux imprimeurs de non l'imprimer,
si premièrement il n'avait enduré la lime de quelque
savant homme, aussi peu adulateur qu'était ce Quintilius
dont parle Horace en son *Art poétique,* où, et en infinis
autres endroits dudit Horace, on peut voir les vices des
poètes modernes exprimés si au vif qu'il semble avoir
écrit non du temps d'Auguste, mais de François et
de Henri. Les médecins (dit-il) promettent ce qui appar-
tient aux médecins, les feuvres traitent ce qui appartient
aux feuvres : mais nous écrivons ordinairement des
poèmes autant les indoctes comme les doctes. Voilà
pourquoi ne se faut émerveiller si beaucoup de savants
ne daignent aujourd'hui écrire en notre langue, et si les
étrangers ne la prisent comme nous faisons les leurs,
d'autant qu'ils voient en icelle tant de nouveaux auteurs
ignorants, ce qui leur fait penser qu'elle n'est capable de
plus grand ornement et érudition. O combien je désire
voir sécher ces *Printemps* [34], châtier ces petites *Jeunesses,*
rabattre ces *Coups d'essai,* tarir ces *Fontaines,* bref,
abolir tous ces beaux titres assez suffisants pour dégoûter
tout lecteur savant d'en lire davantage! Je ne souhaite
moins que ces *Dépourvus,* ces *Humbles espérants,* ces
Bannis de liesse, ces *Esclaves,* ces *Traverseurs* soient renvoyés
à la Table ronde : et ces belles petites devises aux
gentilshommes et damoiselles, d'où on les a emprun-

tées [35]. Que dirai plus? Je supplie à Phoebus Apollon
que la France, après avoir été si longuement stérile,
grosse de lui enfante bientôt un poète, dont le luth
bien résonnant fasse taire ces enrouées cornemuses,
non autrement que les grenouilles, quand on jette une
pierre en leur marais. Et si nonobstant cela, cette
fièvre chaude d'écrire les tourmentait encore, je leur
conseillerais ou d'aller prendre médecine en Anticyre [36],
ou, pour le mieux, de remettre à l'étude, et sans honte,
à l'exemple de Caton, qui en sa vieillesse apprit les lettres
grecques. Je pense bien qu'en parlant ainsi de nos
rimeurs je semblerai à beaucoup trop mordant et satiri-
que, mais véritable à ceux qui ont savoir et jugement,
et qui désirent la santé de notre langue, où cet ulcère
et chair corrompue de mauvaises poésies est si invétérée
qu'elle ne se peut ôter qu'avec le fer et le cautère. Pour
conclure ce propos, sache, lecteur, que celui sera véri-
tablement le poète que je cherche en notre langue,
qui me fera indigner, apaiser, éjouir, douloir, aimer,
haïr, admirer, étonner, bref, qui tiendra la bride de mes
affections, me tournant çà et là à son plaisir. Voilà la
vraie pierre de touche où il faut que tu éprouves tous
poèmes, et en toutes langues. Je m'attends bien qu'il
s'en trouvera beaucoup de ceux qui ne trouvent rien
bon, sinon ce qu'ils entendent et pensent pouvoir imiter,
auxquels notre poète ne sera pas agréable : qui diront
qu'il n'y a aucun plaisir, et moins de profit, à lire tels
écrits, que ce ne sont que fictions poétiques, que Marot
n'a point ainsi écrit. A tels, pource qu'ils n'entendent la
poésie que de nom, je suis délibéré de répondre,
produisant pour défense tant d'excellents ouvrages
poétiques grecs, latins et italiens, aussi aliènes de ce
genre d'écrire, qu'ils approuvent tant, comme ils sont
eux-mêmes éloignés de toute bonne érudition. Seule-

ment veux-je admonester celui qui aspire à une gloire non vulgaire, s'éloigner de ces ineptes admirateurs, fuir ce peuple ignorant, peuple ennemi de tout rare et antique savoir, se contenter de peu de lecteurs, à l'exemple de celui qui pour tous auditeurs ne demandait que Platon, et d'Horace qui veut ses œuvres être lus de trois ou quatre seulement, entre lesquels est Auguste. Tu as, lecteur, mon jugement de notre poète français, lequel tu suivras, si tu le trouves bon, ou te tiendras au tien, si tu en as quelque autre. Car je n'ignore point combien les jugements des hommes sont divers, comme en toutes choses, principalement en la poésie, laquelle est comme une peinture, et non moins qu'elle sujette à l'opinion du vulgaire. Le principal but où je vise, c'est la défense de notre langue, l'ornement et amplification d'icelle, en quoi si je n'ai grandement soulagé l'industrie et labeur de ceux qui aspirent à cette gloire, ou si du tout je ne leur ai point aidé, pour le moins je penserai avoir beaucoup fait si je leur ai donné bonne volonté.

CHAPITRE XII

Exhortation aux Français d'écrire en leur
langue; avec les louanges
de la France.

Donc, s'il est ainsi que de notre temps les astres, comme d'un accord, ont par une heureuse influence conspiré en l'honneur et accroissement de notre langue, qui sera celui des savants qui n'y voudra mettre la main, y répandant de tous côtés les fleurs et fruits de ces riches cornes d'abondance grecque et latine ? ou, à tout le moins, qui ne louera et approuvera l'industrie des autres ? Mais qui sera celui qui la voudra blâmer ? Nul, s'il n'est vraiment ennemi du nom français. Ce prudent et vertueux Thémistocle, Athénien, montra bien que la même loi naturelle, qui commande à chacun défendre le lieu de sa naissance, nous oblige aussi de garder la dignité de notre langue, quand il condamna à mort un héraut du roi de Perse, seulement pour avoir employé la langue attique aux commandements du barbare. La gloire du peuple romain n'est moindre (comme a dit quelqu'un) en l'amplification de son langage que de ses limites. Car la plus haute excellence de leur république, voire du temps d'Auguste, n'était assez forte pour se défendre contre l'injure du temps, par le moyen de son Capitole, de ses thermes et magnifiques palais, sans le bénéfice de leur langue, pour laquelle seulement nous les louons, nous les admirons, nous les adorons. Sommes-nous donc moindres que les Grecs ou Romains, qui faisons si peu de cas de la nôtre ? Je n'ai entrepris de faire comparaison de nous à ceux-là, pour ne faire tort à la vertu française, la conférant à la vanité grecque : et moins à ceux-ci, pour la trop ennuyeuse longueur que ce serait de répéter l'origine des deux nations, leurs faits, leurs lois, mœurs et manières de vivre, les consuls, dictateurs et empereurs de l'une, les rois, ducs et princes de l'autre. Je confesse que la fortune leur ait quelquefois été plus favorable qu'à nous : mais aussi dirai-je bien (sans renouveler les vieilles plaies de Rome, et de quelle excellence en quel mépris de tout le monde, par ses forces même, elle a été précipitée) que la France, soit en repos ou en guerre, est de long intervalle à préférer à l'Italie, serve maintenant et mercenaire de ceux aux-

quels elle soulait commander. Je ne parlerai ici de la
tempérie de l'air, fertilité de la terre, abondance de tous
genres de fruits nécessaires pour l'aise et entretien de la
vie humaine, et autres innumérables commodités, que
le Ciel, plus prodigalement que libéralement, a élargies
à la France. Je ne conterai tant de grosses rivières,
tant de belles forêts, tant de villes, non moins opulentes
que fortes, et pourvues de toutes munitions de guerre.
Finalement je ne parlerai de tant de métiers, arts et
sciences, qui florissent entre nous, comme la musique,
peinture, statuaire, architecture et autres, non guère
moins que jadis entre les Grecs et Romains. Et si pour
trouver l'or et l'argent, le fer n'y viole point les sacrées
entrailles de notre antique mère, si les gemmes, les odeurs
et autres corruptions de la première générosité des
hommes n'y sont point cherchées du marchand avare :
aussi le tigre enragé, la cruelle semence des lions, les
herbes empoisonneresses, et tant d'autres pestes de la
vie humaine, en sont bien éloignées. Je suis content que
ces félicités nous soient communes avec autres nations,
principalement l'Italie : mais quant à la piété, religion,
intégrité de mœurs, magnanimité de courages, et toutes
ces vertus rares et antiques (qui est la vraie et solide
louange), la France a toujours obtenu sans controverse
le premier lieu. Pourquoi donc sommes-nous si grands
admirateurs d'autrui? Pourquoi sommes-nous tant
iniques à nous-même? Pourquoi mendions-nous les
langues étrangères, comme si nous avions honte d'user
de la nôtre? Caton l'Aîné [37] (je dis ce Caton dont la
grave sentence a été tant de fois approuvée du sénat et
peuple romain) dit à Posthumius. Albinus, s'excusant
de ce que lui, homme romain, avait écrit une histoire
en grec : Il est vrai qu'il t'eût fallu pardonner, si par le
décret des Amphyctioniens tu eusses été contraint

d'écrire en grec; se moquant de l'ambitieuse curiosité
de celui qui aimait mieux écrire en une langue étrangère
qu'en la sienne. Horace dit que Romulus en songe
l'admonesta, lorsqu'il faisait des vers grecs, de ne porter
du bois en la forêt. Ce que font ordinairement ceux qui
écrivent en grec et en latin. Et quand la gloire seule,
non l'amour de la vertu, nous devrait induire aux actes
vertueux, si ne vois-je pourtant qu'elle soit moindre à
celui qui est excellent en son vulgaire qu'à celui qui
n'écrit qu'en grec ou en latin. Vrai est que le nom de
celui-ci (pour autant que ces deux langues sont plus
fameuses) s'entend en plus de lieux : mais bien souvent,
comme la fumée, qui sort grosse au commencement,
peu à peu s'évanouit parmi le grand espace de l'air, il se
perd, ou pour être opprimé de l'infinie multitude des
autres plus renommés, il demeure quasi en silence et
obscurité. Mais la gloire de celui-là, d'autant qu'elle se
contient en ses limites, et n'est divisée en tant de lieux
que l'autre, est de plus longue durée, comme ayant son
siège et demeure certaine. Quand Cicéron et Virgile se
mirent à écrire en latin, l'éloquence et la poésie étaient
encore en enfance entre les Romains, et au plus haut de
leur excellence entre les Grecs. Si donc ceux que j'ai
nommés, dédaignant leur langue, eussent écrit en grec,
est-il croyable qu'ils eussent égalé Homère et Démos-
thène? Pour le moins n'eussent-ils été entre les Grecs
ce qu'ils sont entre les Latins. Pétrarque semblablement
et Boccace, combien qu'ils aient beaucoup écrit en latin,
si est-ce que cela n'eût été suffisant pour leur donner ce
grand honneur qu'ils ont acquis, s'ils n'eussent écrit
en leur langue. Ce que bien connaissant maints bons
esprits de notre temps, combien qu'ils eussent jà acquis
un bruit non vulgaire entre les Latins, se sont néanmoins
convertis à leur langue maternelle, même Italiens, qui

ont beaucoup plus grande raison d'adorer la langue
latine que nous n'avons. Je me contenterai de nommer
ce docte cardinal Pierre Bembo, duquel je doute si
onques homme imita plus curieusement Cicéron, si ce
n'est par aventure un Christophe Longueil. Toutefois
parce qu'il a écrit en italien, tant en vers comme en prose,
il a illustré et sa langue et son nom trop plus qu'ils
n'étaient auparavant. Quelqu'un (peut-être), déjà per-
suadé par les raisons que j'ai alléguées, se convertirait
volontiers à son vulgaire, s'il avait quelques exemples
domestiques. Et je dis que d'autant s'y doit-il plus tôt
mettre, pour occuper le premier ce à quoi les autres ont
failli. Les larges campagnes grecques et latines sont déjà
si pleines, que bien peu reste d'espace vide. Jà beaucoup
d'une course légère ont atteint le but tant désiré. Long-
temps y a que le prix est gagné. Mais, ô bon Dieu,
combien de mer nous reste encore, avant que soyons
parvenus au port! combien le terme de notre course
est encore loin! Toutefois je te veux bien avertir que tous
les savants hommes de France n'ont point méprisé leur
vulgaire. Celui qui fait renaître Aristophane, et feint si
bien le nez de Lucien [38], en porte bon témoignage. A
ma volonté que beaucoup en divers genres d'écrire
voulussent faire le semblable, non point s'amuser à
dérober l'écorce de celui dont je parle, pour en couvrir
le bois tout vermoulu de je ne sais quelles lourderies si
mal plaisantes, qu'il ne faudrait autre recette pour faire
passer l'envie de rire à Démocrite. Je ne craindrai point
d'alléguer encore pour tous les autres ces deux lumières
françaises, Guillaume Budé et Lazare de Baïf. Dont le
premier a écrit, non moins amplement que doctement,
l'*Institution du Prince*, œuvre certes assez recommandé
par le seul nom de l'ouvrier. L'autre n'a pas seulement
traduit l'*Électre* de Sophocle quasi vers pour vers, chose

laborieuse, comme entendent ceux qui ont essayé le
semblable, mais davantage a donné à notre langue le
nom d'*épigrammes* et d'*élégies*, avec ce beau mot composé,
aigredoux : afin qu'on n'attribue l'honneur de ces choses
à quelque autre. Et de ce que je dis, m'a assuré un gentil-
homme mien ami, homme certes non moins digne de
foi que de singulière érudition et jugement non vulgaire.
Il me semble (lecteur ami des Muses françaises) qu'après
ceux que j'ai nommés, tu ne dois avoir honte d'écrire
en ta langue : mais encore dois-tu, si tu es ami de la
France, voire de toi-même, t'y donner du tout, avec
cette généreuse opinion qu'il vaut mieux être un Achille
entre les siens qu'un Diomède, voire bien souvent un
Thersite, entre les autres.

CONCLUSION DE TOUT L'ŒUVRE

Or sommes-nous, la grâce à Dieu, par beaucoup de périls et de flots étrangers, rendus au port à sûreté. Nous avons échappé du milieu des Grecs, et par les escadrons romains pénétré jusques au sein de la tant désirée France. Là donc, Français, marchez courageusement vers cette superbe cité romaine : et des serves dépouilles d'elle (comme vous avez fait plus d'une fois) ornez vos temples et autels. Ne craignez plus ces oies criardes, ce fier Manlius, et ce traître Camille, qui sous ombre de bonne foi vous surprenne tout nus comptant la rançon du Capitole. Donnez en cette Grèce menteresse, et y semez encore un coup la fameuse nation des Gallogrecs. Pillez-moi sans conscience les sacrés trésors de ce temple delphique, ainsi que vous avez fait autrefois : et ne craignez plus ce muet Apollon, ses faux oracles, ni ses flèches rebouchées. Vous souvienne de votre ancienne Marseille, seconde Athène, et de votre Hercule gallique, tirant les peuples après lui par leurs oreilles avec une chaîne attachée à sa langue.

A L'AMBITIEUX ET AVARE ENNEMI
DES BONNES LETTRES

Serf de Faveur, esclave d'Avarice,
Tu n'eus jamais sur toi-même pouvoir,
Et je me veux d'un tel maître pourvoir
Que l'Esprit libre en plaisir se nourrisse.

L'Air, la Fortune et l'humaine Police
Ont en leurs mains ton malheureux avoir.
Le Juge avare ici n'a rien à voir,
Ni les trois Sœurs, ni du Temps la malice.

Regarde donc qui est plus souhaitable,
L'aise ou l'ennui, le certain ou l'instable.
Quant à l'honneur, j'espère être immortel

Car un clair nom sous Mort jamais ne tombe.
Le tien obscur ne te promet rien tel.
Ainsi, tous deux serez sous même tombe.

CAELO MUSA BEAT [39].

AU LECTEUR

Ami lecteur, tu trouveras étrange (peut-être) de ce que j'ai si brièvement traité un si fertile et copieux argument, comme est l'illustration de notre poésie française, capable certes de plus grand ornement que beaucoup n'estiment. Toutefois tu dois penser que les arts et sciences n'ont reçu leur perfection tout à un coup et d'une même main : ainçois par succession de longues années, chacun y conférant quelque portion de son industrie, sont parvenues au point de leur excellence. Reçois donc ce petit ouvrage, comme un dessin et portrait de quelque grand et laborieux édifice, que j'entreprendrai (possible) de conduire, croissant mon loisir et mon savoir : et si je connais que la nation française ait agréable ce mien bon vouloir, vouloir (dis-je) qui aux plus grandes choses a toujours mérité quelque louange. Quant à l'orthographe, j'ai suivi plus le commun et antique usage que la raison : d'autant que cette nouvelle (mais légitime, à mon jugement) façon d'écrire est si mal reçue en beaucoup de lieux, que la nouveauté d'icelle eût pu rendre l'œuvre non guère de soi recommandable, mal plaisant, voire contemptible aux lecteurs. Quant aux fautes qui se pourraient trouver en l'impression, comme de lettres transposées, omises ou superflues, la première édition les excusera, et la discrétion du lecteur savant, qui ne s'arrêtera à si petites choses [40].

Adieu, ami lecteur.

DOSSIER

1522 (date probable, mais non certaine). — Naissance de Joachim Du Bellay, à Liré, près d'Ancenis, en Anjou. Il appartient à la branche aînée d'une famille de petite noblesse qu'en cette première moitié du XVIᵉ siècle illustre davantage — dans la diplomatie, l'armée et l'Église — la branche cadette (laquelle eut l'occasion de protéger Rabelais).

Très tôt orphelin de père et de mère, il passe sous la tutelle d'un frère, son aîné d'une quinzaine d'années, qui semble l'avoir quelque peu abandonné à la chétivité de sa santé, à sa solitude et à sa mélancolie. « Dès les premiers jours privé de mère et négligé par les siens », « Voué dès l'enfance à la solitude et à l'abandon » (J. Borel).

1543. — Rencontre possible, au Mans, de Ronsard, qui est son cadet de deux ans, et de Jacques Peletier du Mans, né en 1517, prochain traducteur de grands auteurs grecs, latins et italiens, et déjà défenseur systématique de la langue française. (Ces deux rencontres peuvent être postérieures de quelques années.)

1546. — Il se trouve à Poitiers, où il poursuit des études de droit et se passionne pour les recherches des humanistes et des poètes. Jacques Peletier du Mans l'encourage à acclimater en France les formes poétiques de l'ode et du sonnet. Certaines de ses confidences laissent entendre qu'il s'exerça très tôt à la pratique poétique.

1547. — Mort de François Iᵉʳ et avènement de Henri II.

1547-1553. — Séjour studieux à Paris, au collège de Coqueret, que dirige Dorat. Relations littéraires étroites avec Ronsard, Peletier, Baïf, Jodelle, Belleau, etc. Du Bellay approfondit ses connaissances en latin, en grec, en italien. Divertissements divers. Maladies : tuberculose pulmonaire (?), début de surdité. Soucis matériels; obscurs et confus procès de famille, qui se prolongent indéfiniment et auxquels *Les Regrets* feront maintes allusions.

Publications diverses : *La Défense et Illustration de la Langue française* (1549), *L'Olive* (1549), etc. *La Défense* est dédiée au cardinal Jean Du Bellay (1492 ou 1493-1560), cousin germain du père de Joachim, évêque de Paris en 1532, cardinal en 1535, et l'une des illustrations de la branche cadette, — « l'un des hommes les plus largement instruits de la Renaissance » (Chamard).

En 1549 encore, comme Henri II fait son entrée solennelle à Paris, Du Bellay compose pour la circonstance un poème qui attire sur lui l'attention de la cour, et notamment de la sœur du roi, Marguerite, qui restera pour lui une protectrice chaleureuse et dévouée.

1553. — Deuxième édition de *La Défense et Illustration* (peut-être après le départ pour Rome). Le cardinal Jean Du Bellay, qui avait perdu de son influence en 1549 — la nouvelle cour lui reprochait de manquer d'énergie en face du pape — rentre en faveur, est chargé par Henri II en avril d'une mission à Rome et attache Joachim à sa maison.

Avril-juin. Voyage Paris-Rome, dans la suite du cardinal, par Nevers, Lyon (rencontre des poètes de l'école lyonnaise), Genève, Florence.

1553-1557. — Séjour à Rome. Joachim gouverne la maison du cardinal; il se trouve un peu mêlé aux affaires diplomatiques, mais surtout aux questions d'intendance (créanciers, banquiers, etc.) : on trouve dans *Les Regrets* de nombreuses allusions à ses occupations, qui lui pesaient. Enchantement et désenchantement; lyrisme et satire; amours (très chaudes avec l'énigmatique Faustine) et nostalgie. Composition des *Antiquités de Rome* et d'une partie des *Regrets*. On ne sait si le séjour prit fin sur la demande du poète ou à la suggestion de son patron.

Installation de Joachim à Paris, où « il dispose de trois mille livres de bénéfices, sur les prébendes que son cardinal, bien moins ingrat qu'on ne le suppose, avait su lui valoir » (V.-L. Saulnier).

1558. — Publication des *Regrets*, de *Divers Jeux rustiques*, des *Antiquités de Rome*, des *Poemata* latins, etc. *Les Regrets*, où la société et les mœurs de Rome sont ridiculisées avec une verve parfois violente, provoquent un incident passager avec le cardinal qui craint d'en être gêné dans son action diplomatique, et qui d'autre part voit dans la mélancolie du poète une blessante méconnaissance de ses propres bienfaits.

1558-1559. — Diverses autres œuvres et traductions. Joachim est chargé de gérer les bénéfices et les droits du cardinal en France : occupations compliquées et absorbantes, auxquelles s'ajoute le souci de ses propres affaires. Sa santé continue à se dégrader, et sa surdité à s'aggraver.

1559. — Mort de Henri II.

1560. — Dans la nuit du 1ᵉʳ *au 2 janvier*, après une soirée joyeuse, Joachim Du Bellay meurt à sa table de travail d'une attaque d'apoplexie.

NOTICE

Le présent volume réunit, dans leur texte intégral, ce que l'on s'accorde généralement à regarder comme les trois ouvrages principaux de Du Bellay. *Les Antiquités de Rome* et *Les Regrets* passent à juste titre pour former le sommet de sa création poétique; *La Défense et Illustration de la Langue française* devait tout naturellement — nous nous en expliquerons tout à l'heure — les accompagner.

L'établissement du texte ne soulève pas de vraies difficultés; les diverses et excellentes éditions critiques dont nous disposons, et qui ont été ici suivies de fort près, ne signalent guère comme variantes que des particularités orthographiques; or on sait qu'à l'époque l'orthographe était flottante et, en pratique, abandonnée à la discrétion des différents ateliers d'imprimerie. C'est la raison pour laquelle nous n'avons pas hésité à moderniser l'orthographe de Du Bellay.

Si, en effet, nous reconnaissons qu'un respect scrupuleux des orthographes originales doive importer aux techniciens de l'histoire littéraire ou de la linguistique, nous croyons en revanche qu'il convient de faciliter à des lecteurs non spécialisés une communication avec les œuvres aussi directe, aussi immédiate que possible. Étant bien entendu qu'il s'agit seulement de l'orthographe, et nullement du vocabulaire ni de la syntaxe, lesquels relèvent moins d'une sorte de hasard, et tiennent davantage de la nature propre et personnelle d'un écrivain.

Cela allait (comme on dit) tout seul pour *La Défense et Illustration*, — mais non pas pour les deux recueils de poèmes, *Les Antiquités* et *Les Regrets*, où venaient interférer de difficiles questions de prosodie : une orthographe systématiquement modernisée aurait fait trop de vers faux, soit pour le nombre, soit pour la rime. Nous avons été amené ainsi à choisir une formule que nous avouons être irrationnelle : elle consiste à moderniser tout à fait les pages de prose, et, pour les textes en vers, à ne les moderniser que dans la mesure où la technique poétique de l'auteur le permettait. Ce sont des anomalies qu'il ne nous a pas paru possible d'éviter; nous en signalons les principales, à mesure, dans nos notes.

Celles-ci auraient occupé aisément dix fois plus de place que les textes si nous avions dû y expliquer le détail des innombrables allusions mythologiques, historiques, anecdotiques, etc., et énumérer les sources également innombrables. Car Du Bellay est de ceux qui fondent leur originalité, c'est-à-dire mettent en relief leur différence, non pas en s'opposant par système à tout ce qui n'est pas eux, mais au contraire en traçant leur itinéraire personnel à partir du réseau des routes déjà ouvertes.

Les éditions savantes auxquelles nous avons déjà fait allusion signalent une foule de rapprochements qui ne relèvent pas de simples rencontres fortuites, et qui attestent des inspirations délibérément recherchées. Nourri des civilisations antiques, ou du moins de ce qu'en connaissaient ses maîtres humanistes, des préoccupations et créations de ses amis, camarades ou adversaires de lettres, et d'une italianité où se manifestait alors une culture moins improvisée et mieux enracinée, il exprime sa propre nature en traduisant ou plutôt en interprétant des poètes gréco-latins, des poètes italiens, des thèmes et des images relevant du commun domaine contemporain, souvent aussi en s'imitant lui-même.

Il nous était impossible dans une édition comme celle-ci d'entrer dans un tel détail. Nous nous sommes attaché à réduire le nombre et l'étendue de nos notes. Et, en outre, à les regrouper : d'une part en concentrant toutes les explications de vocabulaire dans une sorte de lexique sommaire, d'autre part en établissant un index biographique, également sommaire, des dédicataires divers des *Regrets*. Formule apparemment un peu complexe, mais qui nous paraît devoir en fin de compte simplifier les recherches du lecteur.

Les deux pièces maîtresses du présent volume — *Les Antiquités de Rome* et *Les Regrets* — parurent en 1558. Certains érudits estiment que le second recueil fut publié dès janvier et le premier en mars; ce sont des précisions qui gardent quelque chose de conjectural.

Quelquefois aussi on admet que *Les Antiquités* furent composées avant *Les Regrets*. On y remarque en effet une alternance assez régulière des sonnets en décasyllabes et des sonnets en alexandrins,. tandis que ceux des *Regrets* sont faits exclusivement en alexandrins, exigence qui paraît correspondre à une évolution de la « manière » du poète (voir notre note au sonnet 168 des *Regrets*); d'autre part les désenchantements des *Regrets* sont considérés, non sans vraisemblance, comme postérieurs à la méditation sur la grandeur et la décadence de Rome que constituent *Les Antiquités* (dont le titre, tout au long, était *Le Premier Livre* — il n'y en eut jamais de second — *des Antiquités de Rome, contenant une générale description de sa grandeur, et comme une déploration de sa ruine; plus un Songe ou Vision sur le même sujet :* titre qui laisse prévoir en partie celui du futur essai de Montesquieu).

Cependant nous sommes porté à suivre plutôt l'opinion d'autres spécialistes, qui, plus avertis peut-être des réalités de la création littéraire, estiment que de tels problèmes ne comportent pas de solutions aussi nettement tranchées. Si les époques de composition des deux recueils ne se confondent pas absolument, si le principal des *Antiquités* et l'esprit du recueil semblent en effet relever d'une époque antérieure à l'époque principale des *Regrets* et la fin des *Regrets* d'une époque franchement postérieure au centre de gravité des *Antiquités*, il reste probable (croyons-nous) que la marge de recoupement fut très large. En fait, et à l'intérieur d'une période longue de plusieurs années, les deux recueils se trouvent être liés étroitement; c'est pourquoi le lecteur les verra ici accolés.

Car on peut supposer que Du Bellay composait ses sonnets (voir le n° 1 des *Regrets*), non pas — on l'a dit avec un peu d'excès — comme un « journal intime », du moins comme une chronique inspirée par les circonstances journalières de l'occasion, des émotions et des humeurs; et qu'ensuite il reprenait les textes amoncelés dans ses portefeuilles, pour les classer et les ordonner. Rien, à vrai dire, ne nous prouve qu'il ait appliqué une formule

précise de discrimination pour distinguer ce qui devait entrer
soit dans *Les Antiquités* soit dans *Les Regrets;* mais, en ce qui
concerne l'arrangement intérieur des *Regrets*, les présomptions
sont fortes. « N'oublions pas, faisait observer M. M. A. Screech,
que, pour le xvie siècle, un recueil de sonnets était beaucoup plus
qu'une simple collection de poèmes juxtaposés. C'était plutôt
une *guirlande* dont les fleurs n'étaient pas réunies sans dessein. »

Longtemps auparavant, Henri Chamard ou M. Verdun L. Saul-
nier s'étaient efforcés de retrouver le plan de ce dernier recueil.
« Des 191 sonnets qui le constituent, note Chamard, les 127 pre-
miers ont été composés à Rome de 1555 » (ce *terminus a quo* est
discutable et discuté) « à 1557, dix autres ont été dictés en cours
de route, le reste n'est éclos qu'après le retour à Paris (fin de 1557). »
Sonnets 1 à 49 : l'élégie des *Regrets* proprement dits. Sonnets 50-
76 : morale et malice de transition. Sonnets 77-127 : satire parfois
mordante de la vie romaine. Sonnets 128-138 : journal du voyage
de retour. Quant à la fin du volume, M. M. A. Screech (qui d'ailleurs
fait commencer cette fin au sonnet 130 ou au sonnet 131, ce qui
nous paraît prématuré) propose judicieusement d'y voir les « autres
œuvres » annoncées par le titre original, lequel était, tout au long,
Les Regrets et autres œuvres poétiques.

Aux *Regrets* et aux *Antiquités* nous avons cru opportun de
joindre *La Défense et Illustration de la Langue française.* C'est un essai,
ou plutôt un manifeste, publié une dizaine d'années plus tôt,
en 1549. Il garde aujourd'hui une valeur documentaire; et davantage.
Composé pour répliquer à l'*Art poétique* de Sébilet (1548) —
Du Bellay se réconciliera bientôt avec cet adversaire, à qui il
adressera le sonnet 122 des *Regrets* —, il comporte un nombre
d'emprunts, d'adaptations, de citations, de références trop consi-
dérable pour que nous puissions faire état dans nos notes des
identifications dont ils ont été l'objet. Signalons seulement que
Du Bellay s'est inspiré si directement d'un ouvrage de Speroni
paru à Venise en 1542 qu'on a pu dire qu'il se contentait en grande
partie d'appliquer à la langue française l'argumentation avancée
par cet auteur en faveur de la langue italienne.

La jeune Pléiade, bien entendu, fit un grand accueil au petit livre qui émanait en fait d'elle-même; d'autres l'attaquèrent avec plus ou moins de violence, comme Sébilet naturellement, comme surtout Barthélemy Aneau, professeur à Lyon, qui, sous le titre de *Quintil Horatian*, fit imprimer en 1550 une réfutation en règle; celle-ci, malgré son ton polémique et un attachement excessif à des formes désormais dépassées, ne manquait pas de justesse sur certains points de détail où Du Bellay s'était découvert, on doit le reconnaître, un peu inconsidérément : *La Défense*, écrit Maurice Nadeau, « frappe, autant par la gravité de l'idéal qui y est exprimé que par les injustices et la mauvaise foi dont elle est empreinte, comme un insolent défi ».

N'imitons pas, cependant, Barthélemy Aneau ni d'autres professeurs plus proches de nous qui donnent à l'élève Joachim une mauvaise note pour avoir remis une copie mal composée. Certes *La Défense* est mal composée, et même parfaitement désordonnée malgré les apparences d'une organisation rigoureuse que lui donne sa division en deux livres comprenant chacun douze chapitres; mais son intérêt est ailleurs.

Il est d'abord — ceci en sa qualité de document — dans la volonté de renouvellement, à l'égard de la langue française, des lettres françaises, de la poésie française, qu'atteste ce manifeste de la part de toute une école naissante qui allait se montrer capable, chose rare, de justifier par ses œuvres son ambition démesurée. Et il est d'autre part dans la leçon de jeunesse, de confiance et d'allégresse conquérante que nous apportent ces pages peignées d'une manière un peu folle.

Oui, il est vrai que depuis nous avons vieilli de quatre siècles, et que nous courbons maintenant les épaules sous le poids des quatre siècles d'expérience littéraire dont Du Bellay annonçait l'aurore. Oui, les problèmes de l'hellénisme et de la latinité ont cessé pour nous de se poser. Etc. Et néanmoins les lecteurs un peu attentifs n'auront pas trop de peine — au prix sans doute d'un effort d'interprétation — à retrouver dans *La Défense*, par-delà les particularités des circonstances et de l'époque, comme un contrepoint de certaines des inquiétudes, relevant non seulement de la technique mais d'une sorte d'éthique littéraires, qui tracassent ou excitent tant de jeunes écrivains d'aujourd'hui.

LEXIQUE

A

ABAS, En bas.

ABORD, Lieu où l'on aborde.

ACCOMMODÉ. *Accommodé à,* Confiant en.

ACQUERRE, Acquérir.

ADEXTRE, Adroit.

ADONC, Donc.

ADRESSE, Procédé, orientation.

AFFAIRES (Du Bellay emploie ce mot au masculin, genre qui restera encore le sien dans la première partie du siècle suivant).

AFFECTION, Disposition, sentiment; ardeur, désir, passion.

AFFOLER, Rendre fou.

AFFRONTEUR, Trompeur.

AINÇOIS, Mais au contraire.

AINS, Mais.

AINSI. *Qu'ainsi soit,* la preuve qu'il en est ainsi est que. *Ainsi comme,* ainsi que.

ALARME (Du Bellay emploie ce mot au masculin).

ALIÈNE. *Aliène de,* exempt de, étranger à.

ALLÉGEANCE, Allégement, soulagement.

ANIMANT. *Les animants,* les êtres animés.

ANOMAL, Irrégulier.

APPAROIR, Apparaître.

APPARTENIR. *Appartenir à,* concerner.

APRÈS. *Tirer après le naturel,* représenter d'après nature.

ARDRE, Brûler.

ARGUMENT, Sujet d'un ouvrage littéraire.

ARMET, Armure de tête.

ART, Science particulière, technique.

ARTIFICE, Art.

ARTIFICIEL, Relatif à l'art; fait avec art; artistique.

ASSAISONNER, Assortir à la saison.

ATTERRER, Abattre à terre, terrasser.

AUCUN (N'a pas toujours une valeur négative). *Aucuns de notre nation :* certains de nos compatriotes.

AUSONIE, Ancien nom de l'Italie.

AVECQUES, Avec.

AVERTIR, Conseiller, prescrire.

B

BALLER, Danser.

BALLOTTER, Voter.

BANDE (Voir *Sergent de bande*).

BASTER, Suffire. *Ne me bastant le cœur,* le cœur ne me suffisant pas.

BELLIQUE, Guerrier.

BESSONS, Jumeaux.

BIENFAITS, Hauts faits, grandes actions.

BONACE, Calme de la mer.

BRANLE, Mouvement.

BRAVE, Fanfaron, bretteur; fier; excellent.

BREHAIGNE, Stérile.

BRUIRE, Répandre le bruit. *Bruire son ire,* clamer sa colère.

BUCCINATEUR, Sonneur de trompette; panégyriste.

C

CAMPAGNE. *Sortir à la campagne,* se mettre en campagne.

CASSINE, Cabane.

CAUT, Prudent, adroit.

CEPENDANT QUE, EN CEPENDANT QUE, Pendant que.

CERTAIN. *Certaine règle,* règle certaine. *Certain nombre,* nombre déterminé.

CHACUN (adjectif), Chaque.

CHALLEMIE, Chalumeau; chanson rustique.

CHAPPRON, Chaperon (coiffure).

CHARME, Sortilège, puissance magique.

CHARNURE, Ensemble des parties charnues du corps; (par extension) chair, corps.

CHEF, Tête.

CHENU, Blanc de vieillesse; blanchissant (en parlant de la mer).

CHÉTIF, Digne de pitié.

CIL, Celui.

COMBIEN. *Combien que,* bien que.

COMME, En tant que, en qualité de; comment.

COMMETTRE, Confier.

COMPAS, Précision; règle; mesure, proportion.

COMPASSER, Mesurer au compas, calculer.

COMPOSER, Exposer.

CONCION, Discours.

CONFORT, Réconfort.

CONNAÎTRE, Reconnaître.

CONTEMPTIBLE, Méprisable.

CONTENT, Qui se contente de.

CONTER. *Conter* (ou *raconter*) *à quelqu'un de,* entretenir quelqu'un de.

CONTREFAIRE (*Contrefaire de,* voir *faire de*).

COPIE, Abondance, souplesse, variété.

CORDEAU, Cordon pour étrangler.

CORROMPABLE, Corruptible.

COULPE, Faute. *Pour la coulpe,* par la faute.

CRÉDITEUR, Créancier.

CUIDER, Croire.

CURE, Souci, soin.

CURIEUSEMENT, Soigneusement.

D

DÉCLINATION, Déclinaison.

DÉDUIRE, Exposer, raconter.

DÉFAILLIR, Manquer.

DÉFRAUDER, Frustrer.

DÉGOUT, Action de dégoutter, de tomber en gouttes.

DEGRÉS, Grades universitaires.

DÉLIVRE, Libre, dégagé.

DEMOURRAI (1re pers. du sing. du futur de l'indic. de *demeurer*).

DÉPENDRE, Dépenser.

DÉPRISER, Sous-estimer, mépriser.

DÉTREMPER, Tremper, plonger.

DEULT (3e pers. du sing. du prés. de l'indic. de *douloir*).

DÉVALER, Descendre ; réduire.

DEVANT, Auparavant, *Devant que*, avant que de.

DEVISER, Décrire, définir. *Deviser quelqu'un*, entretenir quelqu'un.

DIFFÉRENT. *Le différent*, la différence.

DIGNE. *Digne qui ait*, digne d'avoir.

DIRE. *Mal dire*, médire.

DISCORD, Désaccord, désordre, chaos.

DISCOURS, Cours, écoulement.

DISCRÉTION, Discernement.

DISPAROIR, Disparaître.

DISPENSER. *Se dispenser de*, se permettre de.

DIVERTIR, Détourner.

DOCTRINE, Science, philosophie.

DOMESTIQUE, Familier, qui est de la même maison, ou du même pays.

DONCQUES, *donques*, donc.

DONNER, Charger (dans le sens militaire).

DOULOIR, Provoquer ou ressentir de la souffrance. *Se douloir*, souffrir, se plaindre.

E

ÉCHAFAUD, Estrade.

ÉCHELLER, Escalader.

ÉLECTION, Choix.

ÉLIRE, Choisir.

EMBLER, Ravir avec violence ou par surprise.

ÉMENDER, Corriger.

ÉMOUDRE, Aiguiser à la meule.

EMPÊCHER, Embarrasser.

ENCHANTER, Ensorceler, mettre sous l'effet d'un charme.

ENCONTRE, Contre.

ENDROIT, A l'égard de.

ENGRAVEUR, Graveur.

ENNUI, Tourment, désespoir.

ENTENTIF, Entendu, attentif.

ENTIER. *Entier jugement*, jugement impartial.

ENVIEUX, Qui reproche.

ÉPICERIES, Épices.

ÉPIGRAMME (Du Bellay emploie ce mot au masculin).

ÉPOINDRE, Aiguillonner, stimuler.

ERREUR, Errance.

ÉRUDITION, Instruction, science.

ESBANOYER. *S'esbanoyer*, s'ébattre.

ESPACER OU S'ESPACER, S'étendre sur un sujet.

ÉTONNÉ, Frappé de stupeur.

ÉTRANGE, Étranger, lointain, dépaysé.

ÉTUDE, Zèle, ardeur; lieu disposé pour qu'on y étudie.

EXCELLER (transitif), Dominer, surpasser.

EXEMPLE, Modèle.

EXERCITÉ, Entraîné, exercé.

F

FABRIQUE, Construction.

FACONDE, Éloquence, abondance d'élocution (sans nuance péjorative). (Le mot est aussi employé comme adjectif féminin.)

FAIRE. *Faire de*, se donner l'apparence de, contrefaire.

FANTAISIE, Imagination, idée.

FATAL, Relatif au destin, marqué par le destin.

FEUVRE, Forgeron.

FIANCE, Confiance.

FINABLEMENT, Finalement.

FORT, Partie touffue d'une forêt, repaire.

FOURMI (Du Bellay emploie ce mot au masculin).

FREDON, Vocalise; refrain.

FUIR (Prosodiquement, Du Bellay compte ce mot pour deux syllabes).

FUITIF, Fugitif, en fuite.

FUREUR, Enthousiasme poétique. *Civile fureur*, guerre civile.

G

GALLIQUE, Gaulois.

GEHENNER, Mettre à la torture; contraindre.

GÊNE (ou GEHENNE), Torture.

GONFANON, Gonfalon, étendard.

GOTHIQUE, Germanique.

GRAND (Du Bellay élide souvent *grande* en *grand,* même devant une consonne).

GRÈVE (Féminin de l'adjectif « grief »).

GRIEF, GRÈVE, Grave.

GUINDER. *Se guinder*, s'élever, se hisser.

H

HAINEUX. *Haineux à,* haï de.

HAUT. *Le haut,* la haute mer.

HAUTESSE, Hauteur.

HEUR, Chance (bonne ou mauvaise); hasard favorable, bonheur.

HIULQUE, Heurté, rude (comme l'hiatus en poésie).

HONNÊTE, Honorable, estimable.

HONORABLE, Qui mérite les plus grands honneurs.

HORREUR, Hérissement, frisson.

HYDRE (Du Bellay emploie ce mot au masculin).

I

ICELUI, ICELLE, ICEUX, Celui-ci, celle-ci, ceux-ci.

IDOLE, Image; spectre.

INDIQUE, Indien.

INDUSTRIE, Adresse, habileté.

INEPTE, Sans aptitude; qui ne convient pas, mal approprié.

INNUMÉRABLE, Innombrable.

J

JA, Déjà; certes.

JAQUE. *Jaque de maille,* cotte de mailles.

JOURNAL. *Papier journal,* papier écrit au jour le jour pour relater chaque journée.

JOURNEL, Diurne.

L

LAMENTER, Se lamenter.

LANGOUREUX, Saisi de consomption, affaibli, malade.

LARRECIN, Larcin.

LAS, Hélas.

LOIRE (Du Bellay emploie au masculin le nom de ce fleuve).

LOS, Louange; gloire.

M

MAJEURS, *Nos majeurs,* nos ancêtres.

MALICE, Méchanceté, malfaisance.

MANQUE, Défectueux. *Être manque,* faire défaut.

MARCHANDISE, Commerce.

MARTEL, Tourment.

MÉCANIQUE, Matériel, artisanal.

MÊME, Lui-même; surtout. *La même éloquence,* l'éloquence même. *La même Pythô,* Pythô elle-même. *Même quand,* surtout quand.

MERVEILLEUX, Miraculeux, prodigieux.

MÉTIER. *Avoir métier de,* avoir besoin de.

MEURTRIER (Prosodiquement, Du Bellay compte ce mot pour deux syllabes).

MIEUX, Le mieux.

MIGNON, Favori, bien-aimé (non pas toujours dans un sens « particulier »).

MODESTEMENT, Avec modération.

MŒURS (Du Bellay emploie le mot au masculin).

MOLESTIE, Désagrément.

MONARCHIE, Règne; domination universelle, comparable à celle de Rome.

MONDAIN, Qui appartient à notre monde terrestre.

MONUMENT, Tombeau.

MUNITION, Fourniture, provision, approvisionnement.

MUT, Muet.

N

NAGER, Naviguer.

NAÏF, Natif, naturel, spontané.

NAÎTRE (Verbe employé substantivement), Naissance.

NAQUET, Homme de rien, valet.

NAULAGE, Passage à bord d'un bateau.

NAVIRE (Du Bellay emploie ce mot au féminin).

NEVEU, Descendant.

NOUAILLEUX, Noueux.

NOURRITURE, Éducation.

NOUVEAU, Inhabituel, monstrueux.

NUAUX, Nuées, nuages.

NUMÉREUX, Qui a du nombre.

O

ODEUR, Parfum.

ŒUVRE (Du Bellay emploie ce mot au masculin).

OFFICE, Fonction, devoir.

OFFICIER, Titulaire d'un office.

OMBRE, Apparence.

ONC, ONQUES, ONCQUES, Jamais.

OR, ORE, ORES, Maintenant. *Ores..., ores...,* tantôt..., tantôt...

ORAISON, Discours; style; œuvre en prose.

ORDRE. *D'ordre,* En ordre.

OTIEUX, Oisif; paresseux.

OÙ, Là où.

OUVRIER (prosodiquement, Du Bellay compte ce mot pour deux syllabes).

OY (1re pers. du pr. de l'indic. d'*ouïr*).

P

PAÎTRE, Repaître.

PARANGON, Comparaison, modèle.

PARAPHRASTE, Auteur d'une paraphrase.

PARAVANT, Auparavant.

PART. *La meilleure part,* le meilleur parti. (Autre sens, au masculin : nouveau-né.)

PAS, Passage.

PASSER, Surpasser, dépasser.

PASSION, Ce que l'on subit; souffrance, douleur.

PÉDANTE (Du Bellay écrit *pédante,* à l'italienne, pour pédant; mais il ne se prive pas d'élider au besoin l'*e* final).

PELER, Souffrir d'une pelade (d'origine syphilitique).

PÉRIODE (Dès le siècle suivant, ce mot ne s'emploiera plus au masculin que pour signifier le plus haut point ou le point terminal d'une chose).

PETIT. *Un petit,* un peu.

PEU. *Aussi peu,* le moins.

PLAINDRE, Se plaindre, se lamenter.

POINTE, Obélisque, pyramide.

POLTRON, Paresseux.

POPULAIRE, *Le populaire,* le peuple.

POUDRE, Poussière.

POUDREUX, Poussiéreux; réduit en poudre.

POUR, A cause de, en raison de. *Pour ce,* à cause de cela.

POURCE QUÉ, Parce que.

POURTANT, Par conséquent.

PREMIER, Premièrement. *Premier que,* avant que.

PROCURER (transitif), Se soucier de, travailler à.

PRONONCIATION, Déclamation (de la poésie).

PROPRE (Substantif), Caractère propre. (Adjectif) *Propre nom,* nom propre.

PROUVER, Éprouver.

PROVIDENCE, Prévoyance.

PROVINCE, Nation, pays.

PUBLIC (En poésie du moins, et peut-être pour les besoins de la rime. Du Bellay écrit indifféremment, au masculin, *public* et *publique*).

PUBLIER, Rendre public, signaler, vanter hautement.

Q

QUADRATURE, Césure (en poésie).

QUATRIÈME (Dans ce mot, Du Bellay compte *triè* pour une syllabe).

QUATRIN, Petite pièce de monnaie, obole.

QUELLEMENT. *Tellement quellement,* tant bien que mal.

QUELQUEFOIS, Un jour dans l'avenir; un jour dans le passé.

QUERELLE, Plainte.

QUERRE, Rechercher, enquêter sur.

QUI, Si l'on; celui qui. *Comme qui,* en tant qu'il (ou elle).

QUICONQUE. *Quiconque tu sois,* qui que tu sois.

R

REBOUCHÉ, Émoussé.

RÉCOMPENSER, Compenser.

RÉDUIRE, Ramener.

RÉGIME. *Régime public,* maniement des affaires publiques.

RELIQUE. *Les reliques,* les restes.

RÉPÉTER, Réclamer, revendiquer.

RÉPUGNER, Combattre en résistant.

RESSEMBLER (employé transitivement), Ressembler à.

RESTE (le mot est employé au féminin). *Fût-ce de ma reste,* quoi qu'il doive m'en coûter.

RETISTRE, Retisser.

RETRAIT, Retracé.

ROMANESQUE, Romain.

ROUGLÉ, Rouillé.

RUER, Jeter, lancer.

RUSTIQUE. *Le rustique,* le paysan.

S

SACRE, Grand faucon.

SACRER, Consacrer.

SAGETTER, Cribler de flèches (sagettes).

SANGLIER (Prosodiquement, Du Bellay compte ce mot pour deux syllabes).

SARDONIEN, Sardonique (du nom d'une plante de Sardaigne, *sardonia,* qui passait dans l'Antiquité pour provoquer un rictus convulsif de la bouche).

SCABREUX, Apre, raboteux.

SECRÉTAIRE, Dépositaire de secrets.

SEMBLER. *Ce semble,* semble-t-il.

SENTENCE, Opinion; pensée belle et forte.

SERGENT. *Sergent de bande,* officier chargé de ranger sur le champ de bataille les troupes (*bandes*) selon les plans du commandement.

SI, Ainsi; de même, de plus; (le plus souvent) pourtant. *Si est-ce que,* toujours est-il que. *Si... comme,* tellement... que. *Si bien,* s'il est vrai que, bien que.

SINON. *Qui pour toutes raisons n'alléguaient sinon,* etc., qui n'alléguaient point d'autres raisons que, etc.

SOIN, Souci, préoccupation.

SOLEILLÉ, Ensoleillé.

SOLLICITUDE, Inquiétude, préoccupation.

SONNEUR, Joueur d'un instrument de musique; chanteur, poète.

SOULOIR, Avoir coutume.

SOURPELIS, Surplis.

SQUADRON, Escadron.

SUISSE (Prosodiquement, Du Bellay compte *ui* pour deux syllabes).

SUPERBE, Orgueilleux.

SUPERSTITION, Excès de scrupule.

SUR. *Sur tous,* au-dessus de tous.

SYMBOLISER. *Symboliser à,* s'accorder avec.

T

TANT. *Tant que,* jusqu'à ce que.

TELLEMENT. *Tellement quellement,* tant bien que mal.

TEMPÉRIE. *La tempérie de l'air,* le climat tempéré.

TORT, Tordu.

TOUT. *Du tout,* tout à fait.

TRAC. *Au trac,* sur la trace.

TRAFIQUE, Trafic.

TRAÏSON, Trahison (prosodiquement, Du Bellay compte ce mot pour deux syllabes).

TRANSLATER, Traduire.

TRAVAILLER, Fatiguer, tourmenter.

TUSQUE. *Le fleuve tusque,* le Tibre.

V

VANTEUR, Qui se vante.

VASTITÉ, Dévastation.

VÉNUSTÉ, Grâce, charme.

VERGETTE, Branchette.

VERGOGNE, Honte, regret.

VIANDE, Nourriture.

VIATEUR, Voyageur, passant.

VICE, Défaut.

VIF, Vivant.

VIGILES, Veilles.

VILITÉ, Lâcheté.

VŒU, Ex-voto.

VOISE (Subjonctif ancien du verbe *aller*).

VOLONTÉ. *A ma volonté que,* plût au ciel que, je voudrais bien que.

VOULOIR. *Je veux bien,* je tiens à (et non : je consens à).

VRAI. *Qu'il soit vrai,* la preuve en est que.

VULGAIRE. *Notre vulgaire,* notre langue usuelle et commune, le français.

INDEX DES DESTINATAIRES
DES « REGRETS »

DUTHIER OU DU THIER, Jean, seigneur de Beauregard. Conseiller du roi et secrétaire d'État, protecteur des poètes en général et de Du Bellay en particulier. C'est lui qui signa le privilège du 3 mars 1557 visé par d'Avanson.

DU VAL, Pierre. Ancien précepteur de Henri II, évêque de Séez, poète sacré. Il devait mourir en 1564.

FORGET. Secrétaire de Marguerite de France.

GILLEBERT OU GILEBERT OU GILBERT, Pierre. Conseiller au parlement de Grenoble, poète en latin, ami d'Olivier de Magny, qu'il visita à Rome.

GOHORY, Jacques. Philosophe, savant, traducteur; ami parisien commun d'Olivier de Magny et de Du Bellay.

GORDES, Jean-Antoine de Simiane, seigneur de Cabanis et de, 1525-1562. Protonotaire apostolique. Du Bellay était lié avec lui d'une grande amitié.

GUISE, Charles de, 1525-1574. Cardinal de Lorraine, influent sous Henri II, farouche défenseur du parti catholique contre la tendance conciliatrice de Michel de L'Hospital.

JODELLE, Étienne, 1532-1573. Élève à Paris de Muret et de Buchanan, et condisciple alors de Rémy Belleau. Auteur de la première tragédie française. Il se plaignait du peu d'audience — et de faveur — que rencontraient les poètes; il mourut dans la misère.

LA HAYE, Robert de. Conseiller au parlement de Paris; ami des poètes et de la poésie.

LE BRETON, Nicolas. A ce secrétaire du cardinal Du Bellay le poète eut à reprocher d'avoir copié et fait circuler clandestinement à Rome plusieurs sonnets des *Regrets*, indiscrétion qui attira quelques ennuis à l'auteur.

LESTRANGE, Charles de. Protonotaire du cardinal de Guise, il mourut en 1565.

L'HOSPITAL, Michel de, 1507-1573. Maître des requêtes puis, en 1555, premier président de la Chambre des comptes, devait devenir chancelier de France en 1560. Protecteur de Ronsard et de ses amis, il était lui-même poète en latin. Réputé pour sa droiture austère, il s'efforça, sans assez de succès, d'établir en France la paix religieuse.

en 1544, est fait de 449 dizains décasyllabiques à la louange de Pernette du Guillet. Le baroquisme et l'italianisme de ses premiers écrits s'y changent en tension et en rigueur. Il joua le rôle d'un poète officiel lors de l'entrée de Henri II à Lyon ; Du Bellay, se rendant en Italie, l'y rencontra en 1553. En 1562 paraît, peut-être à titre posthume, son *Microcosme*, poème de trois mille vers, à ambitions didactiques et scientifiques.

SIBILET ou plutôt SÉBILLET, Thomas, 1512-1589. Avocat au parlement de Paris, auteur en 1548 d'un *Art poétique* qui lui valut l'animosité de Du Bellay, lequel par la suite se réconcilia avec lui.

THIARD ou TYARD, Pontus de, 1521-1605. Disciple de Scève et membre d'abord de l'école lyonnaise, admirateur de Marot et des marotiques, fut l'un des premiers laudateurs de la Pléiade, à laquelle il s'attacha. Il consacra la fin de sa vie à la théologie et à la philosophie platonicienne, — non sans avoir auparavant contribué par le moyen de la poésie à la « décoration » du château d'Anet construit pour Diane de Poitiers.

URSIN. Mal identifié. Il s'agirait soit de Charles Juvénal des Ursins, chapelain du cardinal Du Bellay, soit de l'humaniste Fluvio Orsini (1529-1600), soit du capitaine italien P.-G. Orsini qui s'était mis au service de la France.

VINEUS, Jérôme Della Rovere, sieur de. Envoyé extraordinaire de Henri II à Rome en 1556 et 1557. Très lié avec Du Bellay. Évêque de Toulon en 1559.

NOTES

LES ANTIQUITÉS DE ROME

P. 25 *Au roi*

Ce roi est Henri II.

P. 27 *Sonnet 2*

Comme on le verra maintes fois dans la suite du présent volume, Du Bellay est comme obsédé par le thème des Sept Collines de Rome, thème qu'il oppose ici à la tradition antique des Sept Merveilles du monde. Celles-ci (dont la nomenclature varie parfois) étaient les jardins suspendus de Sémiramis et les murs de Babylone, le temple d'Artémis à Éphèse, les pyramides d'Égypte, la statue de Zeus (Jupiter) Olympien par Phidias à Olympie, le mausolée ou tombeau de Mausole à Halicarnasse en Carie (Asie Mineure), le Labyrinthe en Crète (à la place duquel on cite plus souvent le phare d'Alexandrie), enfin le colosse de Rhodes.

P. 28 *Sonnet 3*

Vers 5 : prononcer « ru-ine ».

P. 29 *Sonnet 4*

Le thème des Géants foudroyés par Jupiter est l'un de ceux que Du Bellay applique le plus volontiers à la constante considération de la grandeur et de la décadence de Rome. A rapprocher du thème du Chaos originaire et final.

P. 30   *Sonnet 6*

Vers 1, « la Bérécynthienne » : Cybèle.

Vers 2, « couronnée » : le mot est prosodiquement compté pour quatre syllabes, l'*e* final n'étant pas traité comme muet. Cette particularité se rencontre souvent chez Du Bellay.

Vers 12, « tant fût audacieux » : si audacieux fût-il.

P. 31   *Sonnet 7*

Vers 1. Prononcer « ru-ines ».

Vers 8. Ce vers est expliqué par le sonnet 27.

Vers 11, « finablement » : disons ici, une fois pour toutes, que dans ce recueil comme dans celui des *Regrets* nous avons conservé au mot sa forme ancienne, dont l'articulation sonore garde au milieu d'un vers une valeur certaine. Nous ne l'avons modernisé en « finalement » que dans la prose de *La Défense et Illustration.*

P. 31   *Sonnet 8*

Vers 13-14. Allusion éclaircie par M. Verdun-L. Saulnier : il s'agit d'une tête *(caput)* déterrée dans la colline du Capitole (dont l'étymologie est précisément *caput*), et dont on aurait tiré présage de la future domination de Rome, le mot latin *caput* ayant le double sens de « tête » et de « commandement » que gardait encore le mot français « chef » au xvie siècle.

P. 33   *Sonnet 10*

Mélange de deux légendes antiques, celle de Jason, fils d'Éson, semant des dents de dragon d'où sortirent des soldats armés, et celle d'Hercule luttant contre l'hydre de Lerne.

P. 33   *Sonnet 11*

Romulus, ancêtre de tous les Romains, était fils de Mars. Plus loin : allusion à l'invasion germaine que Du Bellay évoquera de nouveau dans d'autres sonnets.

P. 37   *Sonnet 16*

Vers 14, « venue » : le mot est traité prosodiquement comme s'il était employé au masculin (élision factice de l'*e* muet).

P. 37   *Sonnet 17*

L'aigle était le porte-foudre de Jupiter.

P. 39   *Sonnet 19*

Vers 5, « dédore » : nous vivons sous l'âge de fer, et non plus sous l'âge d'or.

P. 40   *Sonnet 21*

Vers 1 : Pyrrhus et Annibal.

P. 41   *Sonnet 23*

Vers 1 : Scipion Nasica.
Vers 14 : César et Pompée.

P. 42   *Sonnet 24*

Vers 13 : allusion au meurtre de Rémus par Romulus.

P. 43   *Sonnet 25*

Allusions à Orphée et à Amphion.

P. 44   *Sonnet 27*

Vers 7, « ouvriers » : c'est un usage constant chez Du Bellay de compter ce mot, prosodiquement, pour deux syllabes.

P. 45   *Sonnet 28*

Vers 2 : « trophée » est décompté pour trois syllabes, l'*e* final devant être prononcé.

                                                        Sonnet 29

Vers 9 : l'orthographe « Athène » (sans s) est commandée par la prosodie.

P. 47   *Sonnet 31*

Vers 10 : Émathie était la capitale de l'ancienne Macédoine. Il s'agit ici de la bataille de Pharsale.
Vers 11 : voir le vers 14 du sonnet 23.

P. 48   *Sonnet 32*

Vers 13, « François » : la rime nous oblige à conserver ici l'orthographe ancienne.

Vers 14, « longue robe » : la toge, vêtement et insigne de la paix.

SONGE

Cette suite, composée sur un modèle de Pétrarque, comportait certainement des significations ésotériques, dont beaucoup nous échappent aujourd'hui; de certains des sonnets qui la composent, les commentateurs admettent qu'ils sont devenus impénétrables.

P. 51   *Sonnet IV*

Vers 10-11 : Vulcain.

P. 52   *Sonnet V*

Vers 10, « paysans » : le mot est compté pour deux syllabes
Vers 14 : les commentateurs, partagés, voient ici une allusion tantôt à l'Empire d'Orient et à l'Empire d'Occident, tantôt à la Papauté et au Saint-Empire.

P. 54   *Sonnet IX*

Allusion au Tibre personnifié et à la légende des origines de Rome d'après l'*Énéide*.

P. 56   *Sonnet XII*

Vers 4, « Pactol » (au lieu de « Pactole ») : orthographe commandée par la prosodie.

P. 57   *Sonnet XIII*

Vers 1. Allusion à Pétrarque.

P. 58   *Sonnet XV*

Vers 1-2. La croyance était qu'à la fin de la nuit Morphée, dieu du sommeil, apportait des songes plus véridiques.

LES REGRETS

P. 60   *Au lecteur*

Ce petit livre que nous t'offrons aujourd'hui, lecteur, sa saveur
est à la fois celle du fiel et du miel, au sel mêlés. S'il doit être
agréable à ton palais, viens ici en convive : le repas a été préparé
pour toi. S'il te déplaît, éloigne-toi, je te prie : c'est que le repas
ne t'était pas destiné.

P. 61   *A Monsieur d'Avanson*

Sur ce personnage, voir nos notices biographiques, auxquelles
on aura à se reporter également pour les multiples destinataires
des sonnets des *Regrets*.

Vers 94, « long habit » : celui des professeurs, des gens de
justice et des personnages de marque attachés aux souverains ;
allusion probable à la toge romaine.

P. 69   *Sonnet 1*

Le fait que Du Bellay oppose ainsi la modestie de sa propre
poésie aux hautes visées de Ronsard (sans doute aussi de Pontus
de Thiard et d'autres) ne doit pas faire croire à une désapproba-
tion de sa part, ni à une mésentente. — Les *Hymnes* de Ronsard,
qui paraissent être mis en cause ici, datent de 1556. — Voir aussi
le sonnet 60.

Remarquer le dernier vers, qui présente le recueil des *Regrets*
comme une sorte de chronique. Mais ne pas en conclure que les
sonnets y soient disposés dans un ordre chronologique : ils ont
manifestement été reclassés par thèmes (voir notre Notice) ; ainsi
les quelques références à des dates précises qu'on peut y relever
n'ont de signification que par rapport au sonnet même où elles se
trouvent.

P. 69   *Sonnet 2*

Allusions à Hésiode, au Parnasse et à la source Hippocrène
jaillie sous le sabot de Pégase.

P. 73   *Sonnet 7*

Vers 9, « Prophète » : la Sibylle.

P. 73 *Sonnet 8*

Vers *13*, « Hyperborées » : le mot est traité prosodiquement comme s'il était écrit « Hyperborés ».

P. 75 *Sonnet 10*

Ce sonnet répond à un sonnet de Ronsard publié en 1555, et dont le premier quatrain était :

> Cependant que tu vois le superbe rivage
> De la rivière tusque et le mont Palatin,
> Et que l'air des Latins te fait parler latin,
> Changeant à l'étranger ton naturel langage...

Le sens est : changeant ton langage naturel pour le langage étranger.

Vers *6*, « Prométhée » : même remarque que pour « Hyperborées », au sonnet 8.

P. 77 *Sonnet 13*

Vers *12-13*. Allusion à Télèphe, blessé par la lance d'Achille et guéri par la rouille du même fer de lance. Le scorpion passait également pour guérir de ses propres piqûres si on l'appliquait sur le point de celles-ci.

P. 79 *Sonnet 16*

Du Bellay s'adresse à Ronsard, comme dans le sonnet 17.

P. 81 *Sonnet 19*

Vers *2*, « l'héritier d'Hector » : Francus, héros de la *Franciade* de Ronsard à qui est adressé ce sonnet. Voir le sonnet 22.

P. 82 *Sonnet 21*

Vers *14*, « Janet » : il s'agit du peintre François Clouet.

P. 83 *Sonnet 23*

Allusions à Cupidon, à Vénus, au *Roland furieux* de l'Arioste.

P. 85   *Sonnet 26*

Vers 6. En réalité, Ronsard était de deux ans le cadet de Du Bellay. Peut-être celui-ci voulait-il marquer par une erreur feinte sa déférense envers le chef reconnu de la Pléiade.

P. 86   *Sonnet 27*

Vers 3. Allusion à la traversée des Alpes, pendant le voyage vers Rome.

Vers 6, « vraye » : le mot est décompté prosodiquement pour deux syllabes, ce qui nous oblige à lui conserver son orthographe ancienne.

P. 88   *Sonnet 30*

Vers 1-2, « quiconques » : il est nécessaire de conserver l'orthographe ancienne, pour justifier la prosodie du vers 2.

P. 89   *Sonnet 31*

Vers 2. Jason et la toison d'or.

P. 90   *Sonnet 33*

Vers 12, « demourrai » : pour « demeurerai », la prosodie nous obligeant à conserver la forme ancienne.

P. 92   *Sonnet 36*

Vers 11, « Cancre » : le signe du Cancer.

P. 95   *Sonnet 40*

Vers 1, « Dulichien » : Ulysse.

P. 95   *Sonnet 41*

Vers 5, « a ta clarté ravie » : la prosodie ne permet pas de moderniser la tournure.

Vers 12, « donques » : orthographe ancienne conservée à cause de la prosodie.

Vers 13, « deçoi » : même remarque.

P. 96   *Sonnet 42*

Vers 8. Statues antiques, sur lesquelles l'usage était de placarder les écrits satiriques.

P. 97   *Sonnet 43*

Vers 6, « doy » : orthographe ancienne imposée par la rime.
Vers 8, « aye » : prosodiquement le mot compte pour deux syllabes; d'où le maintien de l'orthographe ancienne.

P. 98   *Sonnet 45*

Vers 14. Allusion probable à la deuxième disgrâce du cardinal Du Bellay, survenue en 1555. Voir le sonnet 49.

P. 101   *Sonnet 50*

Vers 5, « convie » : selon l'usage du temps (et l'usage latin), le verbe n'est accordé qu'avec le sujet le plus proche. C'est un fait de syntaxe qui se retrouve plus loin.
Vers 14. Allusion à Scipion l'Africain, retraité volontaire dans sa villa de Linterne.

P. 103   *Sonnet 52*

Ce sonnet, dont il y a lieu de remarquer que toutes les rimes sont masculines, semble être adressé au cardinal Du Bellay.

P. 104   *Sonnet 54*

Vers 8, « vraye » : voir la note du sonnet 27, vers 6.

P. 106   *Sonnet 57*

Vers 2, « sanglier » : le mot est compté prosodiquement pour deux syllabes (ainsi que « ouvrier », comme on a vu plus haut).

P. 107   *Sonnet 59*

Vers 1, « die » : forme ancienne, pour « dises », conservée à cause de la rime.

Vers 2, « étudie » : le mot est compté pour quatre syllabes.
Vers 9, « cher » : rime pour l'œil, et non pour l'oreille.

P. 108   *Sonnet 60*

Vers 10, « hymne » : il s'agit de l' « Épitaphe d'un chat », dans les *Jeux rustiques*.

P. 110   *Sonnet 63*

Vers 8, « pry » : orthographe ancienne, que nous conservons pour respecter la prosodie.

P. 111   *Sonnet 65*

Vers 12. Orphée passait pour avoir été, après la perte d'Eurydice, le premier des pédérastes.
Vers 14. Le mot « pedante », comme on le verra dans les sonnets suivants, restait proche de sa forme italienne avant d'avoir été francisé en « pédant ».

P. 112   *Sonnet 66*

Nous gardons la forme « pédant' » pour la raison ci-dessus. Les derniers vers font allusion à Denys le Jeune, tyran de Syracuse, qui, exilé, se fit maître d'école.

P. 115   *Sonnet 70*

Vers 2, « Thésée » : prosodiquement, l'*e* final est tenu pour nul.

P. 115   *Sonnet 71*

Vers 12, « croi » : pour crois, à cause de la rime.

P. 117   *Sonnet 74*

Vers 5, « que c'est d'ambition » : ce qu'est l'ambition.

P. 119   *Sonnet 76*

Vers 7, « Marc Antoine » : probablement nom d'un acteur ou danseur satirique.

P. 121   *Sonnet 80*

Vers 1, « Palais » : le Vatican.

Vers 5, « banque » : une des fonctions de Du Bellay était de gérer à Rome les affaires du cardinal, et on a vu plus haut que les « créditeurs » ou créanciers de celui-ci lui apportaient beaucoup de soucis.

Vers 7-8. Les Florentins et les Siennois qui avaient pris parti pour les Français contre les Impériaux, se trouvant battus, assiégeaient de leurs revendications les Français de Rome.

Vers 13, « treuve » : pour « trouve »; orthographe ancienne, maintenue pour la rime.

P. 122   *Sonnet 81*

Vers 14. Au moment des élections papales, on pariait sur les cardinaux « papables ».

P. 123   *Sonnet 83*

Vers 14. Rome en effet s'attendait alors, dans la panique, à un nouveau et prochain saccage.

P. 124   *Sonnet 84*

Vers 12-13. Allusions aux housses des mules, somptueusement brodées, et aux courtisanes de Rome.

P. 126   *Sonnet 87*

Vers 6, « beu » : pour « bu »; orthographe ancienne, maintenue pour la rime.

P. 127   *Sonnet 88*

Vers 1. Le lotos (chant IX de l'*Odyssée*).

Vers 3. « Circe » pour « Circé » : prosodiquement, il était nécessaire d'élider la voyelle finale.

Vers 6. Allusion à un épisode du *Roland furieux* de l'Arioste.

Vers 7-8. Allusion à l'*Énéide*, où Mercure oblige Énée à se séparer de Didon.

Vers 11, « Harpies » : le mot est compté pour trois syllabes.

P. 127   *Sonnet 89*

Nouvelles allusions au *Roland furieux* de l'Arioste.

Vers 10, « Logistille » : « incarnation des nobles pensées et de l'amour vrai » (Chamard).

P. 129   *Sonnet 91*

Ce sonnet est parodique : Du Bellay s'y amuse à transposer ou inverser les qualificatifs habituels du pétrarquisme.

P. 131   *Sonnet 95*

Vers 1, « borgne » : Annibal.

Vers 14, « buffle » : cet animal, apprécié d'une manière fort péjorative, voire infamante, réapparaît souvent dans la suite des *Regrets*, sans qu'on connaisse exactement les défauts que lui reprochait Du Bellay.

P. 133   *Sonnet 97*

Vers 10, « voy » : pour « vois »; orthographe ancienne, maintenue pour la rime.

P. 134   *Sonnet 99*

Vers 12. Le mot « courtisane » est présenté comme dérivant du mot « cour ».

P. 137   *Sonnet 103*

Allusions multiples : à Cupidon pleurant son frère Énée, fils comme lui de Vénus, au fils d'Énée, Ascagne, à un certain Ascagne ou Ascaigne pour qui le cardinal Carlo Caraffa (1519-1561) avait des bontés particulières, à Ganymède, échanson des dieux, envers qui Jupiter montra les mêmes complaisances.

P. 137   *Sonnet 104*

Vers 3, « s'on » : élision prosodique, pour « si on ».

Vers 7. Le voluptueux pape Jules III (mort en 1555), amateur de légumes, se plaisait particulièrement à ceux-ci.

P. 138   *Sonnet 105*

Les sonnets 105-112, connus d'ailleurs par des copies manuscrites, ne figurent, imprimés, que dans un exemplaire unique de la Bibliothèque nationale. Cette semi-clandestinité s'explique évidemment par leur caractère indiscret.

Vers 2. L'ordre de Saint-Michel; on reprochait à Henri II de le galvauder.

Vers 5 et suivants. En 1550 Jules III avait élevé au cardinalat un jeune homme de dix-sept ans, dont l'allusion à Ganymède *(vers 8)* signale les mœurs particulières, et qui avait pour principal mérite de savoir amuser un singe.

P. 140   *Sonnet 108*

Vers 1, « Pasquin » : voir le vers 8 du sonnet 42. La statue en question passait pour avoir autrefois figuré Hercule.

P. 141   *Sonnet 109*

Vers 5. Le pape Marcel II, successeur de Jules III; il était fort *vertueux;* aussi son pontificat ne dura-t-il que 21 jours, en 1555 : on s'arrangea pour que ce gêneur disparût rapidement.

Vers 14, « Augée » : Augias, dont les écuries furent nettoyées par Hercule.

P. 141   *Sonnet 110*

Vers 11. Paul IV et Jules III.

Vers 14, « quatrième » : ce mot est compté pour deux syllabes (l'*e* final étant muet).

P. 142   *Sonnet 111*

Allusion, d'une part, à la pieuse retraite de Charles Quint et, d'autre part, aux sentiments belliqueux de Paul IV envers l'Espagne.

P. 143   *Sonnet 113*

Premier quatrain. « Triple montagne » : le pape Jules III (donc

« tiers » ou « troisième » comme disait le sonnet 110) était un del Monte, Marcel II un Cervini, Paul IV un Caraffa.

P. 145 *Sonnet 116*

Vers 8, « marran » : Juif espagnol converti, et dont la conversion, en règle générale, passait pour suspecte.

Vers 13, « veu » : pour « vu »; orthographe ancienne maintenue à cause de la rime, — rime pour l'œil sinon pour l'oreille.

P. 147 *Sonnet 118*

Vers 6. Allusion au catarrhe du pape Paul III.

Vers 9. Nous conservons, en raison de la rime, l'orthographe ancienne de « voy ».

Vers 12, « meurtrier » : le mot est compté prosodiquement pour deux syllabes.

P. 148 *Sonnet 120*

Vers 3-4. Noms d'acteurs ou de bouffons de la comédie italienne.

Vers 10, « ardent' » : nouvelle élision de l'*e* final, par commodité prosodique.

P. 150 *Sonnet 123*

« Il s'agit de la trêve de Vaucelles, conclue pour cinq ans, le 5 février 1556, entre Henri II et Charles Quint. La nouvelle en parvint à Rome le 15 février et plongea dans la consternation les Caraffa, qui deux mois plus tôt, par l'entremise des cardinaux de Lorraine et de Tournon, avaient signé avec le roi de France, contre l'Espagne, un traité d'alliance offensive et défensive (15 décembre 1555), et qui se voyaient ainsi brusquement déçus et trahis. » (Henri Chamard.)

P. 153 *Sonnet 127*

Vers 1, « Trahison » orthographié « traïson », est décompté pour deux syllabes.

Vers 5. Nous remarquons une fois de plus que la forme féminine « grande » était encore incertaine.

Vers 9. C'est-à-dire : Je te laisse à imaginer le reste. »

P. 153   *Sonnet 128*

En août 1557, Du Bellay avait quitté Rome par voie de mer, les routes terrestres n'étant pas sûres au voisinage de la ville. Il devait poursuivre par terre. Beaucoup des sonnets suivants apparaissent comme un journal (voir le sonnet 1) de ce voyage.

Vers 4, « pol » : pôle.

Vers 13, « françois » : le maintien de l'orthographe ancienne est commandé par la rime.

P. 154   *Sonnet 129*

Vers 2, « Protée » : prosodiquement, l'*e* final est tenu pour nul.

P. 155   *Sonnet 130*

Vers 14. « Prête » pour « prêtes », par nécessité prosodique.

P. 156   *Sonnet 132*

Vers 8, « apprinse » et « pinse » : orthographes anciennes maintenues à cause de la rime.

P. 157   *Sonnet 134*

Vers 11. Se frappant la poitrine meurtrie.

P. 158   *Sonnet 135*

Vers 5, « Suisses » : prononcer, pour la prosodie, « Su-isses ».
Vers 11. Bien lire « content », et non « comptent ».

P. 159   *Sonnet 137*

Vers 7, « Londre » : pour « Londres », par commodité prosodique.

P. 165   *Sonnet 145*

Vers 6, « tu es » : la prosodie classique proscrira sans tolérance

ce type d'hiatus, pourtant fort acceptable pour l'oreille; Du Bellay
use souvent de la commodité qu'il offre.

P. 165   *Sonnet 146*

Vers 1, « nous-même' » : licence orthographique, pour la prosodie.
Vers 12, « loue » : le mot est compté, prosodiquement, pour deux
syllabes (comme d'ailleurs, au vers suivant, et ainsi que nous
l'avons déjà noté, le mot « ouvrier »).

P. 166   *Sonnet 147*

Réplique à une *Élégie* de Ronsard publiée en 1556.
Vers 13, « anciens » : ce mot est compté, prosodiquement, pour
trois syllabes.
Vers 14, « Mevie » : Maevius, médiocre poète latin dont parlent
Virgile et Horace.

P. 169   *Sonnet 151*

Destinataire non identifié.
Vers 1 et 2, « prie » : le mot est compté pour deux syllabes.
Vers 9, « prierai » : cette fois, la quatrième lettre est redevenue
muette. « Puisse » : même remarque que pour le vers 14 du sonnet
130.

P. 170   *Sonnet 153*

Vers 10, « troppe », pour « troupe » : la rime nous oblige à
conserver l'orthographe ancienne.

P. 172   *Sonnet 156*

Allusions à l'*Anacréon* — Anacréon de Téos — de Rémy Belleau
(1556), aux *Amours de Francine*, jeune paysanne poitevine que
Baïf avait célébrée sur son rustique « chalumeau » (1555), aux poèmes
scientifiques de l'*Uranie* de Peletier (1555).

P. 173   *Sonnet 158*

Vers 7-8. Dans ce sonnet où il fait appel, comme ailleurs,
à la libéralité du roi, Du Bellay ne pouvait faire moins que de célé-

brer délicatement Diane, — c'est-à-dire, en fait, Diane de Poitiers, à qui il dédie le sonnet suivant.

P. 175   *Sonnet 160*

Dédié à d'Avanson.

P. 175   *Sonnet 161*

Vers 14. L'adoration était la forme de l'hommage que rendaient les cardinaux aux nouveaux papes. N'étant pas cardinal lui-même, et ne songeant nullement à le devenir, Du Bellay parle par image; il adresse ce sonnet à Jean Bertrand.

P. 177   *Sonnet 163*

Vers 11, « treuve » : pour « trouve »; forme ancienne maintenue à cause de la rime.

P. 177   *Sonnet 164*

Adressé à d'Avanson.

Vers 6, « Itale » : abréviation de commodité prosodique.

Vers 11. Le sens est : vertus si hautes qu'elles sont dignes de n'être consacrées à la Mémoire que par un Ronsard.

P. 180   *Sonnet 168*

Curieusement, ce sonnet est la simple transposition en alexandrins d'un sonnet antérieur en décasyllabes, et qui, lui, est dédié explicitement au cardinal de Lorraine. On peut supposer qu'ayant décidé — pour des raisons que les commentateurs ne sont pas parvenus à éclaircir — de faire entrer ce texte dans *Les Regrets,* Du Bellay en a changé la forme à seule fin de l'adapter à celle de son recueil, laquelle devait rester constante. A titre de curiosité, nous reproduisons ci-dessous la première version.

> *Nature en vous prodiguement féconde*
> *Vous a donné tout son plus et son mieux :*
> *Soit cet honneur qui luit dedans vos yeux,*
> *Soit cette langue heureusement faconde.*

Votre vertu, qui n'a point de seconde,
Et votre esprit, qui voisine les cieux,
Vous ont donné le lieu prochain des dieux
Et la faveur du plus grand roi du monde.

Vous avez seul tout ce qu'on peut avoir
D'honneur, de bien, de grâce et de savoir,
Que voulez-vous espérer davantage ?

Le jugement de la postérité,
Qui, assignant au ciel votre partage,
Vous donnera ce qu'avez mérité.

P. 181   *Sonnet 169*

Adressé à Odet de Coligny, cardinal de Châtillon, dont l' « oncle »
et le « frère » *(vers 13)* étaient le connétable de Montmorency et
l'amiral Gaspard de Coligny, capturés par les Espagnols à la
bataille de Saint-Quentin, en août 1557.

Vers 8, « fault » : manque, fait défaut.

P. 181   *Sonnet 170*

Adressé, comme le sonnet 172, à Marie Stuart, reine d'Écosse,
ce sonnet est antérieur au mariage de celle-ci avec le dauphin
François, futur François II. Elle allait ainsi réunir des droits sur
les couronnes d'Écosse, d'Angleterre et de France.

Vers 12-14. Astrée passait pour devoir ramener dans le monde
l'Age d'Or.

P. 182   *Sonnet 171*

Consacré à Catherine de Médicis, née à Florence *(vers 14)*.
Toutes les rimes sont féminines.

Vers 9, « loue » : le mot est compté pour deux syllabes.

P. 183   *Sonnet 172*

Vers 8, « Anglois » : orthographe ancienne maintenue à cause
de la rime.

P. 183   *Sonnet 173*

Adressé à Jeanne d'Albret, fille de Marguerite de Navarre, morte en 1549.

P. 184   *Sonnet 174*

Adressé, comme tous les sonnets suivants à l'exception du dernier, à Marguerite de France, fille de François Ier et sœur d'Henri II.

P. 187   *Sonnet 178*

Vers 14 : les mots « loue » et « ouvrier » sont comptés chacun pour deux syllabes.

Sonnet 179

Vers 2, 3, 6, 7. Les rimes de ces quatre vers semblent indiquer une prononciation commune (*gl* mouillé, à l'italienne).
Vers 14. Comme l'Espérance au fond de la boîte de Pandore.

P. 191   *Sonnet 185*

Vers 7-8. Les princes de l'Église à Rome.

P. 193   *Sonnet 188*

Vers 6-8. Le bouclier de Pallas était fait de la peau de la chèvre Amalthée (égide); en son centre figurait la tête de Méduse, ou Gorgone, dont l'aspect pétrifiait les hommes.

P. 195   *Sonnet 191*

La sollicitation, que nous avons déjà vu se manifester plusieurs fois, ici ne se déguise plus. Elle est amenée par le sonnet 190, c'est-à-dire par l'évocation de François Ier, protecteur des lettres et des arts, et par l'appel à Marguerite, constamment appelée Pallas.

LA DÉFENSE ET ILLUSTRATION
DE LA LANGUE FRANÇAISE

P. 199

1. S. = Salut, — formule latine pour le début des lettres.
2. Horace.

P. 200

3. Révérendissime Seigneurie.

P. 203

4. Au-devant de ce livre, Du Bellay avait inséré une épître de huit vers grecs à l'adresse de Dorat, son maître en hellénisme.

P. 210

5. D'après Quintilien.

P. 211

6. Toutes méthodes de savoir, si éloignées soient-elles de celles que nous appelons aujourd'hui scientifiques.

P. 212

7. Aratos de Soles.

P. 213

8. Traîtres : C'est l'adage italien « *Traduttore traditore* ».

P. 217

9. Chamard pense qu'il faudrait lire « auraient », bien que le texte des quatre premières éditions soit « auront ». Mais une rupture de construction restant fort possible, et ne devant pas surprendre chez Du Bellay, nous conservons ici la forme originale.

P. 221

10. Deviendrait.

P. 223

11. Les théologiens, — irrévérencieusement.

P. 224

12. Toujours les théologiens.

P. 226

13. Voir le dernier chapitre de *La Défense*.

P. 227

14. Du Bellay ne tardera pas à se montrer moins rigoureux dans son propre comportement littéraire.

P. 229.

15. Impératif : « qu'ils aillent voir... »

P. 230.

16. Humaniste, imprimeur et poète. Étienne Dolet, à l'âge de trente-sept ans, fut brûlé vif à Paris, place Maubert, pour athéisme, le 3 août 1546 : « Comme on en a fait la remarque, il y avait quelque courage à Du Bellay d'en parler ainsi qu'il en parle, trois ans à peine après sa mort » (H. Chamard).

P. 232

17. Les auteurs du *Roman de la rose* étaient ensemble comme « un seul ».

P. 235

18. Imité d'Horace; sur les colonnes des portiques où se trouvaient les librairies on affichait les titres des livres en vente.

19. Henri II. Voir *Les Regrets*.

P. 239

20. La première et la troisième des chansons citées ici par Du Bellay étaient de Melin de Saint-Gelais, la deuxième de la Lyonnaise Pernette du Guillet, amie de Maurice Scève. Le lecteur a vu d'autre part que notre poète devait revenir sur ces jugements.

21. Inutile de préciser qu'entre « ode » et « sonnet » il n'existe, en réalité, aucun rapport.

P. 242

22. Cet appel au mécénat royal, rapporté à l'exemple de l'empereur Auguste, se trouvera, comme nous avons vu, renouvelé avec insistance dans *Les Regrets*.

23. Alexandre, selon Plutarque.

P. 245

24. Impératifs : « Que notre poète se garde bien... »

25. Cette francisation, que recommandait et pratiquait Du Bellay, n'a pas été admise par l'usage des siècles suivants : si bien que, pour moderniser ses textes, c'est-à-dire pour en rendre l'orthographe plus directement accessible au lecteur moderne, nous avons été amenés souvent, et d'une manière apparemment paradoxale, à rétablir la forme ancienne de certains noms propres.

P. 247

26. Grammairien du xvi⁰ siècle fort réputé en son temps.

P. 248

27. Au xvi⁰ siècle le mot « rythme » et le mot « rime » étaient pratiquement confondus, confusion dont Du Bellay va déplorer, quelques lignes plus bas, qu'elle tende à se différencier. « A l'oraison » : en prose.

P. 249

28. Henri Chamard est indigné de voir Du Bellay se plaire à de telles puérilités verbales. Il nous semble au contraire que le poète

relie à une tradition lointaine des recherches, aujourd'hui encore toutes modernes, sur les significations que peuvent révéler à l'improviste ce qu'on appelle trop sommairement les « jeux de mots ».

P. 251

29. Il ne serait sans doute pas excessif de voir dans ce passage l'amorce des routes qui, par la préciosité, mèneront à Mallarmé et à Valéry.

P. 252

30. Le « vers héroïque » est le décasyllabe, avec césure après le quatrième pied.

P. 253

31. On serait obligé de « varier la musique » si l'on n'unifiait pas la structure des « mesures ».

P. 255

32. En soulignant de l'ongle les « fautes ».

P. 256

33. Alexandre.
34. Ici commence une série d'allusions à divers ouvrages contemporains.

P. 257

35. Du Bellay lui-même avait néanmoins sa propre devise, qui figure quelques pages plus loin à la fin de son essai — *Caelo Musa beat* —, empruntée à Horace. Voir ci-dessous la note 39.
36. Célèbre dans l'Antiquité pour produire l'ellébore, remède présumé contre la folie.

P. 260

37. Caton l'Ancien.

P. 262

38. Rabelais, « le nez » (latinisme) : la finesse.

P. 265

39. « La Muse le rend heureux en lui ouvrant le ciel » (Horace, *Odes*, IV, 8, vers 29). Voir ci-dessus la note 35.

P. 267

40. C'est-à-dire : on les excusera en songeant qu'il ne s'agit encore ici que d'une première édition, et le lecteur savant les rectifiera de lui-même.

INDEX DES INCIPIT

LE XVIᵉ SIÈCLE
DANS *POÉSIE/GALLIMARD*

DERNIÈRES PARUTIONS

Ce volume,
le cent neuvième de la collection Poésie,
a été achevé d'imprimer sur les presses
de l'imprimerie Bussière à Saint-Amand (Cher),
le 3 mars 1998.
Dépôt légal : mars 1998.
1ᵉʳ dépôt légal dans la collection : février 1975.
Numéro d'imprimeur : 615.

ISBN 2-07-032147-9./Imprimé en France.